WOLFGANG BÜHNE (HRSG.)

ANDI BÜHNE

BOMBER

Für alle, die Andi kannten, denen er Wegweiser, Wegbegleiter, Freund und Vorbild war.

BOMBER

1971–2016

INHALT

1.Auflage 2020

Leseplatz.de

Eisenweg 2, 58540 Meinerzhagen
kontakt@leseplatz.de

Herausgeber: Wolfgang Bühne

Umschlag: Lucian Binder, Leseplatz

Satz: Anne Caspari, Leseplatz

Druck und Bindung: ARKA Druk, Polen

Fotos: privat

Artikel Nr. 184906
ISBN 978-3-947602-06-3

Teil 1

FAXEN

KÖN

ANDI BÜHNE

Bloß kein Christ werden!

Eigentlich erzähle ich nicht so gerne aus meinem Leben, weil man immer in der Gefahr steht, sich selbst in den Mittelpunkt zu stellen, den dicken Max zu markieren und zu übertreiben, um andere zu beeindrucken.

Wenn ich hier aus meinem Leben erzähle, dann möchte ich dabei Gott die Ehre geben. Er hat mich aus einem völlig kaputten und sinnlosen Leben herausgerettet.

Ich bin in Schwelm, einer kleinen Kreisstadt an der Grenze zu Wuppertal, aufgewachsen – also umgeben von Rheinland, Ruhrgebiet, Sauerland und Bergischem Land. Mein Baujahr ist 1971.

Meine Eltern besaßen ein sehr großes, wunderschönes Grundstück außerhalb der Stadt. Dort verbrachte ich mit meinen Geschwistern Antje und Markus eine traumhafte Kindheit – zumindest was die ländliche Umgebung und den Erfindungsreichtum meines Vaters betraf. Der hatte nämlich nicht nur als begabter Techniker bei der Firma Titan in Schwelm für wichtige Neuerungen gesorgt, sondern uns Kinder mit einer riesigen Modelleisenbahn im Garten beglückt, um die uns alle Freunde beneideten. Dazu kam noch ein Swimmingpool, der in den 80er-Jahren noch etwas Außergewöhnliches war …

Meine Eltern Gerd und Gerda waren überzeugte Christen. Ihre Zugehörigkeit zu einer konservativen christlichen Gemeinde prägte ihren Alltag und natürlich auch unsere Erziehung. Und das war zumindest für mich schon als Kind ein großes Problem.

Der Sonntag: ein Albtraum!

So war zum Beispiel der sonntägliche Gemeindebesuch ein feststehendes Ritual, das nicht zur Diskussion gestellt wurde. Wir Jungens wurden in schreckliche Samt-Anzüge gesteckt und nach dem Frühstück fuhren wir zur Gemeinde. Dort war es üblich, dass Männer und Frauen getrennt saßen. Wir Kinder durften nicht zappeln und keinen Pieps sagen, um die andächtige Ruhe nicht zu stören. Das war für mich einfach schlimm. Allerdings konnte ich mir damals noch gar nicht vorstellen, dass es auch andere Gemeinden mit anderen Traditionen gab, denn wir gingen immer in diese eine Gemeinde.
Vormittags wurde jeden Sonntag das Abendmahl gefeiert. Anschließend gab es für uns Kinder in kleinen Gruppen die sogenannte Sonntagschule. Am Nachmittag ging es nach dem Kaffeetrinken wieder zur Gemeinde, um dort – zumindest für meinen Geschmack – eine mehr oder weniger lange und oft

auch langweilige Predigt zu ertragen, die uns Kinder nur selten irgendwie einbezog.

So wurde der Sonntag für mich zum ödesten Tag der Woche, und abends war ich froh, wenn ich ihn hinter mich gebracht hatte. Es war mir absolut rätselhaft, was meine Eltern und die vielen anderen Gemeindeglieder bewegen konnte, daran Gefallen zu finden und Jahr für Jahr diese Tradition aufrechtzuerhalten.

Trotzdem hatte ich nie Zweifel, dass Gott existiert und die Bibel Gottes Wort ist.

Alle paar Jahre wurde in der Gemeinde eine Vortragswoche durchgeführt, die man »Evangelisation« nannte. Natürlich waren wir Kinder jeden Abend dabei. Von der Freude, Gott zu kennen und ihn zu lieben, war da allerdings nur am Rande die Rede. Aber die Schrecklichkeit der Sünde und der ewigen Verdammnis wurde mit aller Deutlichkeit und Lautstärke gepredigt. Allerdings wurde auch hinzugefügt, dass Jesus Christus am Kreuz für unsere Schuld gestorben ist und Gott deshalb Sünde vergeben kann. Wie oft betete ich als kleiner Knirps unter dem Eindruck dieser ernsten und meist sehr emotionalen Predigten zu Gott: »Lass mich nicht in die Hölle kommen, und bitte vergib mir meine Schuld!« Aber am nächsten Morgen war alles wieder beim Alten. Ich log weiterhin und tat all die Dinge, von denen ich genau wusste, dass sie Gott nicht gefielen.

Eine gewisse Gottesfurcht war dennoch bei mir vorhanden und natürlich auch ein oberflächliches Bewusstsein von Schuld.

Ich hatte wohl Angst vor der Hölle, aber absolut keine Lust, mein Leben zu ändern. Die Liebe Gottes, der Kreuzestod Jesu waren mir bekannte Begriffe, aber sie berührten mein Herz und Gewissen nicht. Was »an Jesus glauben« wirklich bedeutet, davon hatte ich keine Ahnung, und es interessierte mich auch nicht.

Stinkfaul und arbeitsscheu

Der Wunsch nach Anerkennung war bei mir sehr ausgeprägt. Da ich stinkfaul war und in der Schule nicht mit guten Noten angeben konnte, begann ich schon im Alter von zehn Jahren zu stehlen – und damit Geld in der Tasche zu haben –, um mich bei meinen Klassenkameraden interessant zu machen. Ich erfand Geschichten, um prahlen zu können und mich wichtigzumachen. Meine große Sorge war, dass jemand von meinen Schulkameraden erfuhr, dass meine Eltern überzeugte und strenge Christen waren, und der Verdacht entstehen könnte, dass man mich auch dazuzählen und damit aufziehen könnte.
Umso peinlicher war es für mich, dass mein Vater jeden Morgen nach dem Frühstück der versammelten Familie etwas aus der Bibel oder einem frommen Tageskalender vorlas und wir anschließend auf die Knie gingen und mein Vater ein Gebet sprach.

Das Problem war, dass unsere Nachbarjungen uns jeden Morgen abholten, um mit uns die paar hundert Meter zur Haltestelle zu gehen, wo wir dann vom Schulbus mitgenommen wurden. Manchmal geschah es, dass wir mit dem Frühstück und Gebet spät dran waren oder mein Vater das Gebet in die Länge zog und ich schon die Tritte oder Unterhaltungen meiner ankommenden Freunde hörte oder sie durch unser großes Fenster kommen sah, während wir auf den Knien hin und her rutschten. Dabei hatte ich nur die eine Befürchtung: dass meine Freunde mich bei diesem frommen Ritus erwischen und mich ausfragen oder sogar auslachen könnten.

Hin und wieder passierte aber genau das, und meine Freunde fragten neugierig und amüsiert, was wir als Familie denn auf dem Fußboden zu suchen oder was für seltsame Verrenkungen wir zu machen hätten. Worauf ich mir schon vorher eine Erklärung zurechtgelegt hatte und lässig zu erläutern versuchte, dass wir alle einen silbernen Löffel auf dem Boden gesucht hätten, der beim Frühstück runtergefallen sei. Oder dass mein Vater ab und zu Wert auf ein wenig Morgengymnastik vor dem Schulbesuch lege, oder irgendetwas Blödes, wonach ich dann so schnell wie möglich das Thema wechselte, um nur ja weitere Nachfragen um jeden Preis zu verhindern.

In der Gemeinde, von der ich berichtet habe, gab es so etwas wie eine Teenie-Jungen-Gruppe. Aber da passte ich einfach nicht rein. Mit diesen Jungs kam ich nicht klar. Ich kleidete mich anders als sie. Sie hatten andere Hobbys als ich, es passte einfach nicht. Das bekam ich auch deutlich von ihnen zu spüren, und meine Reaktion war ganz einfach: *Ja, Leute, wenn ich hier nicht reinpasse, dann geh ich hier auch nicht mehr hin.*

Der Ausstieg

Im Alter von vierzehn Jahren versuchte ich dann meinen Eltern klarzumachen, dass ich nicht mehr mitgehen wollte – weder zu den Gemeindestunden noch zum Teenie-Kreis. Das waren oft heftige Kämpfe. Anfangs zog es noch, wenn ich argumentierte, ich hätte furchtbare Bauchschmerzen. Aber nach drei Wochen Bauchschmerzen – die dann meist ausgerechnet sonntags auftraten – war das irgendwann nicht mehr glaubwürdig. Allerdings hatte ich schon in diesen Jahren ein gewisses schauspielerisches Talent entwickelt, mit dem ich beeindrucken und eine Show abziehen konnte.

Es war auch die Zeit, in der ich meine Eltern belog und bestahl, was das Zeug hält. Ich versuchte das alles immer wieder sehr gut zu verstecken, damit es möglichst keiner mitbekam. Immer einen Schuldigen gesucht und nie etwas zugegeben – nie!

Da mein Vater, wie schon erwähnt, ein begabter Techniker und Konstrukteur und daher oft auf Achse war und meist erst spät nach Hause kam, war meine liebe, herzensgute Mutter mit meiner Erziehung völlig überfordert. Sie litt sehr darunter, dass ihr Sohn nicht nur keinerlei Interesse für ein christliches Verhalten oder einen frommen Lebensstil zeigte, sondern Gott für eine Spaßbremse hielt.

Damals begannen die heftigen Diskussionen und Auseinandersetzungen mit meinen Eltern. In dieser Zeit versuchte ich schließlich, anderswo meine Freunde zu finden – und das war gar nicht mal so schwer.

In der Schule war ich bisher mit meinen Kameraden immer ganz gut klargekommen. Aber bald kamen die ersten Situationen, in denen es zu Schlägereien kam, und da nahm ich dann überhaupt keine Rücksicht mehr. Ich verprügelte andere im Namen der Klasse und traute mich Sachen, für die ich mich heute an den Kopf packe. Damals fand ich es unheimlich gut, auf diese Weise genau die Anerkennung und Bewunderung zu bekommen, die ich in der Gemeinde nie erfahren hatte. Und so bin ich sehr schnell in ungute Cliquen geraten, wurde von wesentlich Älteren akzeptiert und aufgenommen, weil sie dachten: *Den können wir gut als Kanonenfutter für uns gebrauchen!*

Und so kam es, dass ich bereits im Alter von fünfzehn Jahren von meinen Kumpels, die drei oder vier Jahre älter waren als ich, in Discos mitgenommen wurde. Damit meine Eltern und auch meine Geschwister davon nichts merkten, stieg ich nachts durchs Fenster und dann ab nach draußen. So begann ich, ein Doppelleben aufzubauen.

Damals interessierte ich mich überhaupt nicht für einen Beruf, das war mir irgendwie völlig egal. Doch mein Vater kam als Techniker aus der Industrie und sagte mir eines Tages: »Werkzeugmacher ist auf jeden Fall ein Beruf mit Zukunft!« Na ja, ich hab's dann irgendwie gemacht und eine Ausbildung in Ennepetal angefangen. Und auch während der Ausbildung lernte ich wieder Leute kennen, mit denen ich eigentlich nur unterwegs war, um Party zu machen.

Wir Lehrlinge hatten während der Ausbildung einen internen Wettbewerb: Wer schafft es am längsten krankzufeiern, ohne wirklich krank zu sein? Natürlich war ich in dieser Disziplin der Beste. Ich schaffte es, über ein Jahr lang zu schauspielern. Ich hatte dem Arzt vorgelogen, ich hätte fürchterliche Herzprobleme, und wurde dann nach allen Regeln der Kunst untersucht und musste ein Langzeit-EKG über mich ergehen lassen. Aber man fand nichts.

Irgendwann wurde der Arzt etwas misstrauisch und meinte: »Herr Bühne, Sie müssen jetzt aber auch mal wieder arbeiten gehen!«

»Ja klar«, sagte ich dann, »gerne und sofort, wenn Sie mich nur gesundschreiben würden!«

Am nächsten Tag ging ich auf die Arbeit, holte meine Arbeitskarte, nahm eine Leiter, stellte die neben eine Maschine, machte mich ein bisschen dreckig und legte mich anschließend platt auf den Boden. Irgendjemand kam dann vorbei und sah mich dort liegen: »Ach du Schande!« Alle dachten, es sei wieder mein Herz gewesen, und so wurde ich wieder krankgeschrieben.

Meine Eltern und Geschwister bekamen von dieser Schauspielerei nichts mit, weil ich selten zu Hause und meist auf Achse war.

So sah es in mir aus. Ich war total link, versuchte alle über den Tisch zu ziehen und skrupellos zu belügen.

»Aus dem wird nie was!«

Damals begann auch meine Drogenkarriere. Schon in der achten Klasse war ich das erste Mal auf einer Klassenfahrt mit Marihuana, also Hasch, in Berührung gekommen. Das war auch wieder so eine Art Mutprobe. Einer aus der Parallelklasse kam großspurig an und fragte lässig: »Hat jemand Lust zu rauchen?« Ich zögerte nicht lange, erklärte mich bereit und erlebte meinen ersten Rausch. Das war nicht toll für mich, aber irgendwie wussten alle, dass ich so etwas jetzt auch machte. So stieg ich in ihrer Achtung und kam mit der Zeit auch in andere Kreise rein.

Zunächst begann es damit, dass man am Wochenende *ab und zu* mal Hasch rauchte. Dann wurde es *jedes* Wochenende zum Ritual, dann kam ein Wochentag dazu, und es dauerte schließlich nicht lange, bis ich *täglich* Marihuana rauchte.

Das Problem bei dieser Droge ist – die ja heute leider als harmlose »Soft-Droge« bezeichnet wird –, dass man ziemlich träge und antriebslos wird. Man hat zu nichts Bock, und das spiegelte sich in meinem Leben auch wider.
In der Ausbildung kam es dann dazu, dass ich meinen Ausbilder verprügelte, weil er mir auf die Nerven ging. Warum ich nicht an Ort und Stelle gekündigt wurde, ist mir heute noch schleierhaft. Mir wurde dann freigestellt, ob ich selbst die Kündigung einreiche oder ob ich lieber gekündigt werden wollte. Ein halbes Jahr vor meiner Gesellenprüfung schmiss ich alles hin.
Als mein Vater wegen dieser Geschichte den Ausbildungsleiter aufsuchte, bekam er zu hören: »Dieser Bursche taugt nichts, aus dem wird nie was. Wir wollen ihn bei uns nicht wiedersehen!«
So stand ich ohne abgeschlossene Berufsausbildung auf der Straße. Eine Zeit lang hielt ich mich mit Fließbandarbeit, im Straßenbau oder als Monteur über Wasser, aber auch hier warf ich bald die Brocken hin. Ich wusste nicht, wie mein Leben weitergehen sollte, und lebte einfach ohne Ziel und Sinn drauflos.
Meinen Eltern log ich vor, ich würde irgendwo jobben gehen. Aber ich war zu faul und desinteressiert dazu und war lieber mit Typen, wie ich einer war, unterwegs, um Drogen zu konsumieren.

Karriere als Koch

Dann lernte ich Heike kennen, und die kam aus einer Gastronomen-Familie. Ihr Vater ermöglichte uns, ein Ausflugslokal zu übernehmen. Ich hatte davon überhaupt keine Ahnung, aber ich fand es unheimlich cool, da zu stehen und Bier zu zapfen. Und es war eine richtig große Gaststätte. Doch auf einmal wurde unser Koch krank, und wir hatten ein Problem: »Wer soll jetzt kochen?« Da entschlossen wir uns, es selbst mal auszuprobieren.

Das war sehr abenteuerlich. Wenn man noch nie gekocht hat und die Leute bestellen Essen! So manch einer bekam in der Anfangszeit von uns etwas auf den Teller, was er danach schwer bereute bestellt zu haben. Aber der Vater von Heike brachte mir damals viel bei, und es machte mir extrem viel Spaß. Die Qualität unserer Kochkünste nahm zu. Das sprach sich herum und belebte das Geschäft.

Warnsignale

Während dieser Zeit zog ich auch bei meinen Eltern aus und bezog ein Zimmer in der Gaststätte, die nicht allzu weit von meinem Elternhaus entfernt war. Ab und zu ließ ich mich dort

auch sehen – ohne dass meine Eltern allerdings ahnten, in was für einen Sumpf ich mich hineingeritten hatte.
Das Problem war allerdings nicht nur *meine* Drogensucht, sondern auch die von Heike. Wir steckten praktisch alles Geld, das wir in der Gaststätte verdient hatten, sofort wieder in Drogen. So war es nur eine Frage der Zeit, bis wir pleite waren und die Gaststätte geschlossen werden musste.
Wieder einmal stand ich auf der Straße, hatte keinen Berufsabschluss, prahlte aber vor meinen Freunden und Bekannten so überzeugend mit meinen Erfolgen und Beziehungen, dass sie mir glaubten und bedenkenlos Geld liehen, das sie nie wiedersehen sollten.
Ich hatte nie einen Führerschein gemacht, hatte aber überhaupt keine Skrupel, selbst zu fahren. Eines Abends war ich mit einem Freund in der Stadt. Wir hatten dort viel getrunken und waren dann zu mir nach Hause gefahren. (Während dieser Zeit hatte ich vorübergehend wieder bei meinen Eltern Unterschlupf gefunden.) Dort konsumierten wir dann noch Drogen, und ich kam benebelt auf die Idee: »Komm, ich fahr mal eben in die Stadt, um was zu essen zu holen.«
Mein Freund gab mir, wie so oft, seinen Autoschlüssel, und ich fuhr davon, um an einer Tankstelle ein paar belegte Brötchen zu holen. Inzwischen war es Nacht geworden, und so schlief ich nach kurzer Fahrt plötzlich am Steuer ein, kam dann schlafend von der Landstraße ab und geriet auf ein größeres Feld,

auf dem am Ende ein paar Bäume standen. Ich erwischte genau den Baum in der Mitte – Totalschaden!

Heute weiß ich, wer mich vor diesen Baum gelenkt hat, aber damals sah es so aus, als ob ich Selbstmord begehen wollte. Alle hatten diese Vermutung. Doch ich hatte nicht im Traum daran gedacht!

Ein Nachbar, den ich kannte, hatte den Krach gehört, lief in die Richtung und fand mich, nachdem ich mühsam, blutend, mit wahnsinnigen Schmerzen und einem Büschel Haare weniger aus dem Auto gekrochen war. »Bitte nicht die Polizei holen!«, flehte ich ihn an. Ein Bauer wurde gerufen, der das Auto mit einem Traktor abschleppte und an einen sicheren Platz brachte, der im Grunde ein vorsorgliches Versteck sein sollte.

Später überlegten wir dann, was wir nun mit diesem Wrack anfangen sollten. Einer meiner Kumpels, der sich in diesem Geschäft auskannte und die richtigen Werkzeuge dafür hatte, machte den Vorschlag, das Wrack in Stücke zu zerschneiden und im Wald zu vergraben. Der Versicherung könne man anschließend melden, der Wagen sei gestohlen worden, um dann das Geld dafür zu kassieren. Aber dazu kam es glücklicherweise nicht.

Ich hatte viele Kopfverletzungen, eine Gehirnerschütterung, den Fuß mehrmals gebrochen und auch das Schlüsselbein. Meine Eltern und Geschwister dachten: *Endlich hat er kapiert, wohin das Ganze führt!* Aber das war nicht so. Im Krankenhaus

besuchten mich meine alten Freunde, und die Party ging schon auf der Krankenstation weiter.
Ich hatte allerdings ein Problem: Ich war nicht krankenversichert. Und so bin ich kurz darauf aus dem Krankenhaus abgehauen und mit dem Gips einfach zu Hause rumgelaufen. Die Knochen in meinem Fuß wuchsen schief zusammen. Die Folgen davon habe ich noch heute zu tragen.
So war also unsere Gaststätte pleite, die Beziehung zu Heike ging in die Brüche, und zu allem Unglück hatte ich jetzt noch die Schulden vom kaputten Auto am Hals, einem Corsa GSI: 16 000 Mark, für mich eine unerschwingliche Summe. Mein Vater streckte mir den Betrag vor und erwartete natürlich, dass ich das Geld zurückzahlen würde. Aber ich wusste nicht, woher ich so eine Riesensumme kriegen sollte. Mit Diebstählen, kleineren Einbrüchen und Gelegenheitsjobs versuchte ich mich durchzuschlagen, aber das reichte vorne und hinten nicht. Dieses Dilemma führte dazu, dass ich mich entschloss, »schnelles Geld« mit Drogendealen zu verdienen.

Drogengeschäfte

Alles fing klein an. Von uns aus war es nicht so weit nach Holland – nur etwa zweihundert Kilometer und schon befand

man sich im Zentrum des Drogenhandels. Wir fingen mit kleinen »100-Gramm-Platten« an, aber das Geschäft entwickelte sich so schnell weiter, dass wir bald auch große Mengen einkauften.
Eines Tages hatten wir auch für einen anderen Dealer noch etwas zu besorgen. Wir fuhren immer in die gleiche Stadt nach Holland. Alles war vorher gründlich geplant und vorbereitet: Die Menge stimmte, der Preis war ausgehandelt. Wir luden alles ein und fuhren über eine kleine grüne Grenze nach Deutschland zurück. Das hatte bisher immer super funktioniert.
Nur an diesem Tag nicht, als wir mit vier Kilogramm Marihuana und zweihundert Gramm Kokain im Kofferraum (nach heutigem Wert etwa 23 000 Euro) und nach diesem erfolgreichen Deal gut gelaunt unterwegs waren. Wir fuhren auf die Grenze zu, als kurz vor uns plötzlich ein Balken rausgeschoben und die Grenze zugesperrt wurde. Ich war mir sicher: *Jetzt ist es vorbei!*
Wir saßen in einem tiefergelegten, aufgemotzten Dreier-BMW, ich hatte damals noch lange Haare, war total übermüdet, hatte Ränder unter den Augen und sah wie ein Hippie aus. Ein Blinder hätte gemerkt, dass wir zugedröhnt waren und Drogen schmuggelten. Mir war klar: *Gleich hast du die Handschellen an. Alles vorbei! Du verlebst die nächsten Jahre im Knast!* Schließlich hatte ich keinen Führerschein, war durch Schlägereien vorbestraft und hatte schon einige Male ein Wochenende im Gefängnis verbracht.
Als wir vor der Schranke abbremsten, habe ich in höchster Not nach vielen, vielen Jahren mal wieder gebetet: *»Gott, wenn ich*

hier durchkomme und nicht in den Knast muss, dann hör ich auf mit den Drogen. Die ganze Sendung schmeiße ich weg, ich will nichts mehr mit den Drogen zu tun haben und fange ein neues Leben an. Das verspreche ich!«

Und im letzten Augenblick, kurz bevor wir an der Schranke zum Stehen kamen, sah ich nach vorne und erblickte vor uns direkt an der Schranke ein Auto mit dem Kennzeichen EN (für Ennepe-Ruhr-Kreis) – also mit dem gleichen Kennzeichen wie wir. Darin saß ein älteres Ehepaar, und blitzschnell kam mir der Gedanke: *Das könnte unsere letzte Rettung sein!*

Der Zöllner kam auf uns zu und fragte: »Wo kommen Sie her?«

Ich antwortete spontan und so lässig und gelangweilt wie möglich: »Wir waren gerade mit unseren Eltern in dem Auto vor uns in Venlo Kaffee trinken.«

»Gut, fahren Sie weiter!«

Wir wurden tatsächlich durchgewunken! Sprachlos vor innerer Anspannung fuhren wir los, und erst nach einem halben Kilometer hielten wir an, prusteten los und konnten uns nicht mehr halten vor Lachen. Es war nicht zu fassen! Ich wusste nicht, woher mir der Geistesblitz auf die Frage des Zöllners gekommen war. Ich dachte keine Minute mehr daran, was ich soeben noch im Gebet Gott versprochen hatte: *»Gott, wenn ich hier durchkomme, will ich nichts mehr mit den Drogen zu tun haben.«*

Und so ging es mit meinem Leben weiter wie eh und je. Das Problem dabei war, dass ich es nicht hinbekam, vom Gewinn durch den Drogenverkauf meine Schulden abzuzahlen – alles wurde sofort wieder für Partys und Frauen ausgegeben.

Weil ich derart rasant lebte, kam ich auch in immer krassere Kreise hinein. Die Leute, mit denen ich zu tun hatte, waren unehrlich. Man hätte nie ein Portemonnaie oder einen Schlüssel liegen lassen können. Das wäre sehr gefährlich gewesen. Man traute niemandem mehr, selbst den angeblich besten Freunden nicht. Natürlich beruhte das auf Gegenseitigkeit – denn auch mir konnte man nicht trauen.

Doch einer tat es, zu seinem Nachteil: Er verkaufte mir sein Motorrad, und ich versprach ihm, innerhalb einer Woche das Geld dafür zu besorgen.

Ich hatte wieder mal eine neue Lieferung Drogen bekommen. Mit dem auf Pump erworbenen Motorrad fuhr ich durch die Stadt, als einer meiner Kunden an der Straße stand. Ich hielt an und fragte: »Brauchst du was?«

»Mmmh, muss ich erst mal testen, die Ware.«

»Okay«, sagte ich, »steig auf, wir fahren zu mir nach Hause.«

Ich hatte natürlich immer noch keinen Führerschein, auch keinen zweiten Helm dabei. Er stieg auf. Ich fuhr auf eine Kreuzung zu. Wir mussten nur noch über diese Kreuzung und dann in den Wald. Ich hatte Vorfahrt und etwa 80 Sachen drauf, als mir plötzlich einer von rechts die Vorfahrt nahm. Wir klatschten genau in die Seite des Wagens und flogen beide über die Kreuzung. Ich hatte den Helm nicht zu, der Helm flog ab, und als ich die Augen öffnete, standen zig aufgeregte Leute um uns herum. Jeder wollte Krankenwagen und Polizei holen. Mein Beifahrer hatte weder Helm noch Schutzkleidung an. Ich rief nur mit letzter Kraft: »Keine Polizei, keine Polizei ...« Doch dadurch wurden die Passanten stutzig und ahnten schon, dass hier vielleicht etwas nicht ganz stimmte. Natürlich wurde sofort der Krankenwagen gerufen, und wir beide kamen mit Blaulicht, Knochenbrüchen, Gehirnerschütterung und Sehnenabriss ins nahe Kreiskrankenhaus.

In der Sackgasse

Dort kam die Polizei zu mir und fragte mich nach dem Führerschein. Damals gab es noch einen ganz guten Trick: Man musste eigentlich nur einen Bruder oder eine Schwester mit Führerschein haben – also in meinen Fall natürlich einen Bruder. Ich gab mich also als mein Bruder aus und nannte sein Geburtsdatum. Wenn ich im Auto von einem Streifenwagen angehalten worden war und die Polizei kontrolliert hatte, ob ein Führerschein vorlag, hatte das bisher immer problemlos funktioniert. Das war auch jetzt der Fall – allerdings hatte mein Bruder keinen Motorradführerschein! Darüber hatte ich überhaupt nicht nachgedacht. Daher kam natürlich sofort die Frage: »Ja, aber Sie haben doch gar keinen Motorradführerschein!?« Ich erzählte, den hätte ich gerade in einer Ferienfahrschule gemacht. Wieder mal log ich.

Nachdem ich dann Stunden später operiert und mit Gipsbein im Krankenhauszimmer lag, kehrte die Polizei wieder zu mir zurück und sagte, sie hätten das mit dem Ferienführerschein gar nicht herausfinden können ...

Ich weiß heute nicht mehr, mit welchen Lügen ich es schaffte, die Polizisten abzuwimmeln. Doch sie hatten kaum das Zimmer verlassen, als eine Krankenschwester hereinkam und meine Krankenversicherungskarte haben wollte. Jetzt wurde es noch brenzliger, denn ich war immer noch nicht krankenversichert. Nachdem ich sie vertröstet hatte, sah ich in meiner Panik nur noch rot und ergriff bei nächster Gelegenheit die Flucht. So gut und schnell ich konnte, humpelte ich aus dem Krankenhaus. Von einem Freund ließ ich mich abholen und zu meinen Eltern bringen. Die machten aber zu diesem Zeitpunkt Urlaub in Holland. Also verschanzte ich mich allein in meinem Elternhaus und schloss mich ein.

Am nächsten Tag kam natürlich die Polizei und suchte mich. Doch es gelang mir wieder, sie mit allen möglichen Lügen abzuwimmeln. Es war der 19. Juni 1993. Ich war total am Ende. Ich sah keinen Ausweg mehr aus diesem Lügenwirrwar und wusste nicht mehr, was ich machen sollte. In dieser Sackgasse fiel mir ein, dass ich noch ein paar Drogen besaß, und in meiner Verzweiflung entschloss ich mich, mein sinnloses Leben zu beenden. Meinen Eltern hatte ich nur Ärger gemacht, alle Freun-

de hatte ich verprellt und verloren und in meinem Leben nichts auf die Kette gekriegt. Es gab für mich keinen plausiblen Grund, weshalb ich noch weiterleben sollte.
Ich verzog mich in den Keller meiner Eltern, verrammelte die Tür nach oben und fing an, meine letzten Drogen zu nehmen. Ein Messer lag bereit, um mir die Pulsadern aufzuschneiden ...

Todesangst

Obwohl ich jede Menge Drogen genommen hatte, spürte ich irgendwie keinen Rausch. Etwas verwirrt und benebelt legte ich mich auf eine alte Matratze im Keller und wartete auf die Wirkung der Drogen und mein baldiges Ende. Als ich dort in meiner elenden Ausweglosigkeit so lag, kamen mir auf einmal christliche Kinderlieder ins Gedächtnis, die ich vor über zehn Jahren irgendwann mal gelernt hatte. Und dann erinnerte ich mich plötzlich an den bekanntesten Vers aus der Bibel, Johannes 3,16:

> *»Denn so hat Gott die Welt geliebt, dass er seinen eingeborenen Sohn gab, damit jeder, der an ihn glaubt, nicht verloren gehe, sondern ewiges Leben habe.«*

Oh nein, dachte ich, *bloß nicht auch noch Halluzinationen!*

Ich versuchte weiter vergeblich, mich zu betäuben. Doch dabei wurde mir ganz klar: *Wenn ich mir jetzt das Leben nehme, dann stehe ich vor Gott. Und bei Gott gibt es nur ein Urteil: Weg mit dem! Der hat hier nichts zu suchen!*

Plötzlich bekam ich panische Angst vor dem Sterben – und vor Gott. Auf meiner Matratze liegend, betete ich: »Herr Jesus, ich hab dich jetzt schon so oft betrogen, aber wenn du für mich noch eine Möglichkeit siehst, hier rauszukommen, dann hilf mir bitte!«

Wie schon bei der letzten Aktion schrie ich zu Gott um Hilfe. Meine Worte waren nicht viel anders, aber dieses Mal kamen sie aus meinem Herzen.

Im nächsten Moment war ich eingeschlafen. Als ich am Morgen aufwachte, wusste ich aber noch ganz genau, was ich gebetet hatte. Dann ging ich raus aus dem Keller und rief mir ein Taxi.

Während meiner zahlreichen Krankenhausaufenthalte in den vergangenen Jahren hatte mich häufig ein Christ aus Schwelm, Jürgen Winterhoff, besucht. Er war immer wieder aufgetaucht und fragte mich, wie es mir ging. Doch er versuchte nie, mich anzupredigen oder mir die Leviten zu lesen, sondern ich hatte immer das Gefühl: *Der interessiert sich wirklich dafür, wie es mir geht.* Einmal hatte er zu mir gesagt: »Andreas, egal was ist, egal welche Uhrzeit, du kannst immer bei mir klingeln. Ich bin immer für dich da!«

In meiner Hilflosigkeit fuhr ich nun per Taxi zu diesem Jürgen. Ich hatte ihn lange nicht mehr gesehen. Als ich bei ihm an der Tür klingelte und er mich sah, blickte er mir in die Augen und sagte: »Andreas, ist es endlich so weit?«

»Ja, es ist so weit!«

Jürgen Winterhoff erinnert sich gut an diese unerwartete Begegnung:

»Wie ein angeschossener Bär, wie ein Wrack, bedrückt, demontiert und gebrochen, stand er plötzlich vor mir. Mehr als vier Stunden saßen wir zusammen, und erst scheibchenweise, sehr nachdenklich und fast ungewohnt schüchtern packte er aus.

Ich konnte ihn an das Gebet des Zöllners erinnern: *›O Gott, sei mir, dem Sünder, gnädig!‹ (Lukas 18,13)*, und an die Worte Davids: *›So weit der Osten ist vom Westen, hat er von uns entfernt unsere Übertretungen‹ (Psalm 103,12)*.

Dann sind wir auf die Knie gegangen, und Andi hat alle Sünden – die Alkoholsucht, die Drogenabhängigkeit, Diebstähle, Lügen, Betrügereien, einfach alles, was ihm einfiel – Gott bekannt und um Vergebung gebeten. Als er sich verabschiedete, hatte ich den Eindruck, dass er die Gewissheit der Vergebung seiner Sünden erfahren hatte.«

»Oh Happy Day!«

Für mich war es aber irgendwie schwer zu verstehen, dass Gott mich wirklich noch annehmen konnte, nach allem, was ich verbockt hatte. Redete Jürgen nicht genau all das Zeug, das mir meine Eltern auch immer wieder gepredigt hatten, was ich einfach nicht hatte hören wollen und wo ich immer einen dicken Hals bekommen hatte?

Aber jetzt klang das alles ganz anders, so wie für mich gemacht. Ich sehnte mich nach Frieden und Versöhnung mit Gott.

Wir fingen dann an, zusammen in der Bibel zu lesen. Jürgen erklärte mir, wenn ich wirklich vom Herzen her meine Sünden bekennen würde, dann sei es egal, was ich alles angestellt hätte und wie oft ich es gemacht hätte. Jesus Christus sei treu und würde mir vergeben. Da gingen wir zusammen auf die Knie und ich schüttete Jesus mein Herz aus, fing an, ihm zu sagen, wie ich ohne und gegen ihn gelebt hatte, und bekannte ihm meine Sünden – zumindest die, an welche ich mich erinnern konnte. Und dann bat ich ihn, in mein Leben zu kommen.

Ich weiß nicht, ob jemand, der diese Zeilen liest, schon mal längere Zeit unter Angst gelebt und gelitten hat. Auch wenn ich nicht danach aussah: Für mich war Angst ein jahrelanger Zustand. Wenn ich in der Stadt unterwegs war, hatte ich Angst, dass ich gleich von irgendjemandem ein Messer im Rücken haben würde, weil ich einfach so viele Leute gelinkt und betrogen hatte. Ich hatte Angst, dass mich irgendwann und irgendwo die Polizei erwischte. Mit diesem Druck und dieser Angst zu leben – das ist Wahnsinn!

Nachdem ich Jesus jetzt meine Schuld bekannt hatte, fiel diese ganze Last von mir herunter. Das war ein Gefühl der Erleichterung und Befreiung, das kann man gar nicht beschreiben. Ich dachte tatsächlich, ich wäre im Himmel. Es war unglaublich schön! Anschließend spülten wir gemeinsam noch mehrere Klospülungen voll Drogen hinunter. Alles war weg.

Aber ein Problem blieb: Ich war drogenabhängig, und man musste mir irgendwie weiterhelfen. Jürgen fing dann an, herumzutelefonieren und sich zu erkundigen, wo ich unterkommen könnte. Damals gab es schon alle möglichen christlichen Einrichtungen, Gefährdetenhilfen und Therapien für Drogensüchtige. Die waren allerdings alle überbelegt, nirgendwo gab es eine Chance für mich.

Da erinnerte ich mich und sagte zu Jürgen: »Mein Onkel Wolfgang, der hat so ein Freizeithaus in Meinerzhagen, und der kümmert sich auch um solche Typen wie mich.« Vor ungefähr zehn Jahren war ich einige Male auf den Jungen-Freizeiten gewesen, die er leitete, und dort war immer einiges los gewesen. Sport, Spiel und Spaß, aber auch ziemlich an die Nieren gehende abendliche Bibelstunden, an die ich mich gut erinnern konnte. In den letzten Jahren hatten wir uns allerdings völlig aus den Augen verloren.

Jürgen kannte meinen Onkel natürlich auch, denn der war auch in Schwelm aufgewachsen und hatte damals zu der gleichen Gemeinde wie meine Eltern und auch Jürgen selbst gehört. Aber dieser Onkel stand in einem etwas zweifelhaften Ruf der Gemeinde, weil er nicht ganz so angepasst lebte, irgendwie aus der Reihe tanzte und sich mit seiner Frau um chaotische Kinder, gefährdete Jugendliche, Drogensüchtige und ähnliche Typen gekümmert hatte. Jürgen zögerte deshalb, mich bei ihm unterzubringen, doch schließlich sagte er: »Komm, ruf mal da an!«
Als ich dort anrief, sagte Wolfgang spontan: »Du kannst sofort kommen, gar keine Frage. Bring Arbeitsklamotten mit!« Am gleichen Tag noch wurde ich von Günter Vogel, einem guten Freund aus Hückeswagen, nach Meinerzhagen gebracht. Wolfgang und seine Frau Ulla mit ihren Kindern, den Zivis, Mitarbeitern und Mitbewohnern nahmen mich daraufhin in ihre Familie auf.

Szenenwechsel

Natürlich freute sich Wolfgang riesig darüber, dass ich mein Leben Jesus gegeben hatte. Am selben Abend machten wir einen Spaziergang und sprachen noch mal darüber, was sich bei mir im Leben mit Jesus verändert hatte und sich noch verändern musste. Zum Abschluss sagte er mir: »Andi, morgen früh um zehn Uhr haben wir Gemeinde.«

»Jau«, sagte ich da, »ohne mich, das geht gar nicht. Ich hab nur eine kurze Hose und ein T-Shirt dabei. So kann ich nicht in die Gemeinde gehen.« Ich war froh, diese Ausrede auf Lager zu haben.

»Wieso denn nicht?«

»Nee, das geht gar nicht!«

»Ich hol dich morgen früh ab!«

Ich ging auf mein Zimmer, das ich bezogen hatte, schlief nach langer Zeit wieder fest und gut und machte mir erst einmal nicht viele Gedanken.

Doch am nächsten Morgen stand Wolfgang da, auch mit kurzer Hose und T-Shirt, und sagte zu mir: »Komm, wir gehen jetzt in die Gemeinde.«

»So willst du doch nicht in die Gemeinde gehen, oder?«

»Ja, warum denn nicht?«

Ich war total geschockt, hatte aber keine andere Ausrede parat und kam dann mit – natürlich mit sehr gemischten Gefühlen und Befürchtungen. Als ich dann jedoch in den Raum kam – diese Gemeinde traf sich in dem Freizeithaus – dachte ich, ich sei auf einem Hühnerhof gelandet.

Ich hatte von früher nur in Erinnerung, dass, wenn man in die Gemeinde kam, Totenstille herrschte, alles ruhig, jeder war feierlich angezogen, man musste sich benehmen. Aber jetzt saßen da viele Leute und es war ein Gegacker und man bemerkte gar nicht, dass ich reinkam.

Ich werde es nie vergessen: In der langen Stuhlreihe vorne saß ein Mann in feinstem Anzug und direkt neben ihm einer, der einen hellblauen, total eingelaufenen Goofy-Pulli anhatte. Diese beiden Leute passten nach meiner Meinung und Erfahrung wirklich nicht zusammen. Und so war die ganze Gruppe zusammengewürfelt. *Was ist hier denn los?*, fragte ich mich. Keine Ahnung.

Auf einmal fing diese Gemeinde an, Gott zu loben. Sie sangen Lieder, berichteten eigene Erfahrungen mit Gott, zitierten Bibelworte. Ich dachte: *Das gibt's doch gar nicht! Also, wenn irgendwo Gott ist, dann ist er hier!* Ich konnte ihn förmlich spüren. Das war für mich der erste Schritt, dass ich anfing, die Gemeinde Jesu zu lieben – obwohl ich am Anfang voller Vorurteile steckte und die Frommen überhaupt nicht abkonnte.

Aber hier waren Leute, die mir halfen, in der Bibel zu lesen. Ich wusste nicht, wie man Bibel liest. Meine Mutter hatte mir nachts immer die Bibel hingelegt, damit ich mal drin lesen würde. Ich hatte auch manchmal so getan und ein paar Seiten aufgeschlagen und die irgendwo hingelegt, aber ich hatte nie darin gelesen. Und jetzt saß ich vor dem Buch und wusste nicht, wie ich anfangen sollte. Aber nun waren da ganz liebe Geschwister, die mir erklärten, wie ich es lesen sollte und wie ich damit persönlich im Alltag umgehen konnte. Das war eine riesige Erfahrung für mich, und ich merkte auf einmal: *Die*

Bibel wird lebendig! Dieses Buch, das ich für tot gehalten habe, spricht zu mir.

Blaulicht

Ja, und dann kam eine Woche später der Montag, an dem draußen alles voll Blaulicht war. Die Polizeiwagen waren angerauscht, das große Verhör mit der Polizei stand an.

Wir saßen zu diesem Zeitpunkt draußen im Garten. Es war tolles Wetter, und wir unterhielten uns. Als die Herren von der Polizei nun vor uns standen, hieß Wolfgang sie herzlich willkommen und lud sie ein, sich zu uns zu setzen – was diese Männer mit ernsten, kritischen Mienen tatsächlich auch taten.

Wolfgang stand wie ein Löwe für mich ein. Ich bekannte der Polizei viele Dinge. Ich hatte in den letzten Jahren jede Menge Einbrüche durchgeführt, dann war da die Sache mit den Autos usw. ...

Die Polizisten schrieben alles mit und wollten dann Wolfgang mal alleine sprechen. Der erzählte mir hinterher, was sie gesagt hatten: »Nehmen Sie den bloß nicht auf, der muss in den Knast!«

Aber Wolfgang hatte angeboten: »Ich will mich um ihn kümmern, ihn aufnehmen und ihm helfen, ein anderes Leben zu führen. Sollte das nicht klappen, dann können Sie ihn immer noch einlochen!«

Und darauf waren sie tatsächlich mit einigen mahnenden Sätzen eingegangen.

Ich schulde ihm viel Dank dafür, dass er das gemacht hat. Aber er war auch sehr konsequent mit mir. Er bestand direkt am nächsten Tag darauf, dass wir zusammen zu den Leuten hinführen, die ich bestohlen und denen ich Unrecht angetan hatte, damit diese Dinge in Ordnung gebracht würden.

Ich kann euch sagen: Ich hatte früher keine Probleme, in eine Gruppe von zwanzig Leuten zu springen, um mich zu prügeln. Aber jetzt dahin zu gehen und zu sagen: »Leute, ich hab euch beklaut«, das waren schwere, sehr schwere Gänge. Doch ich erlebte dabei Unfassbares, zum Beispiel, dass mir teilweise Schulden in großer Höhe erlassen oder gemindert wurden. Einige fragten sogar: »Wie kann man denn zu Gott finden?«, und wollten mehr wissen.

Es war eine sehr aufregende Zeit. Ich fand dann eine tolle Arbeitsstelle, wo ich – mit vielen Nachtschichten – relativ schnell meine Schulden abarbeiten konnte. Ich wollte in anderthalb Jahren meine Schulden zurückzahlen. Trotz meiner Vorstrafen musste ich nicht ins Gefängnis. Ich bekam ein paar Auflagen und durfte auch den Führerschein nicht sofort machen. Ja, und dann kam der Tag, an dem ich meine Schulden abgearbeitet hatte und ich von einer sehr großen Last befreit war.

Inzwischen war ich in die Gemeinde hineingewachsen, lebte in einer urigen Wohngemeinschaft mit der Familie von Wolfgang und Ulla und ihren Kindern, einigen ähnlichen Chaoten wie mich und jungen Christen, die als Zivis oder Helferinnen in der Küche und im Haus für Stimmung und Abwechslung sorgten. In dieser Zeit lernte ich durch die zahlreichen Freizeiten, durch das Gemeindeleben und die vielen Besucher eine Menge Menschen kennen, von denen manche bis heute gute Freunde sind. Es waren Monate, in denen ich wirklich viele Erfahrungen mit Gott machen durfte.

Es war nicht alles rosig ...

Aber es kam dann auch eine Zeit, in der ich in ein Loch fiel. Irgendwie fing ich wieder an, mich mehr um meine Hobbys zu kümmern. Andere Sachen wurden mir wichtiger als Jesus, und ich schleppte mich nur noch in die Gemeinde. So richtigen Bock hatte ich nicht mehr. Viel lieber wäre ich irgendwo in einem Biergarten gewesen. Irgendwie war das ein zähes Leben, und ich dachte schon: *So schön, wie es am Anfang war – irgendwie ist das vorbei!*

Eines Tages kam ein etwas älterer Christ auf mich zu und sagte: »Andi, was ziehst du denn eigentlich für ein Leben ab? Das ist ja total lächerlich, was du da machst!«

Ich antwortete: »Wieso? Was hast du denn?«
»Ja, du heuchelst hier einen vor, du gehst in die Gemeinde, und im Endeffekt willst du gar nicht hier sein!«
Er hatte mich total durchschaut, und ich wusste nicht, was ich sagen sollte. Da sagte er mit Nachdruck: »Möchtest du etwas ändern in deinem Leben?«
»Joa«, sagte ich zögernd und mit etwas Unbehagen.
»Dann treffen wir uns ab jetzt jeden Freitagmorgen. Um fünf Uhr bin ich bei dir. Der Kaffee ist dann bitte fertig.«
Das saß, und ich wagte nicht zu protestieren!
Dazu muss ich erklären, dass er Unternehmer war und eine große Firma leitete und außerdem viele Aufgaben in der Gemeinde übernommen hatte. Ich war irgendwie sehr beeindruckt davon, dass so jemand für einen Typen wie mich überhaupt Zeit investieren wollte. Aber das war für mich das Beste, was mir passieren konnte.
Dirk, dieser Firmenchef, nahm mich an die Hand und sagte zu mir: »Wir versuchen jetzt, die Bibel wörtlich zu nehmen und das zu leben, was in der Bibel steht. Wir lesen einen Abschnitt, beten darüber und überlegen, wie wir das Gelesene in der Woche anwenden können. Wir werden uns in der Woche danach austauschen, wie es dir und mir damit ergangen ist.« Er machte also genau das Gleiche wie ich.
Das war eine verrückte Zeit. Wir machten das tatsächlich drei Jahre lang und wurden darüber dicke Freunde. Ich erkannte in

dieser Zeit, wie viele Dinge sich inzwischen in meinem Leben eingenistet hatten, die mir ein freudiges Leben mit und für Gott unmöglich gemacht hatten. Mit Gottes Hilfe konnte ich mein Leben noch einmal neu unter die Herrschaft Jesu stellen und alles aus meinem Leben beseitigen, was mir die Freude an Gottes Wort und am Gemeindeleben genommen hatte. Gott schenkte, dass ich wieder einen klaren Blick auf Jesus bekam und dass die Freude, die ich anfangs gespürt hatte, wieder neu da war. Auch die Freude, die Gemeinschaft mit Christen zu genießen, wurde mir wieder neu geschenkt.

Neuland

Einige Zeit später vertraute uns Gott eine neue Aufgabe an: Zusammen mit Werner Reiß begannen wir in dem Dorf, wo Dirk und Werner mit ihren Familien wohnten, einen Hauskreis. Das war in Müllenbach, einem Ortsteil von Marienheide, ein paar Kilometer von Meinerzhagen entfernt. Wir beteten dafür, dass wir in einer bestimmten Zeit drei Leute fänden, die da mitmachen würden. Innerhalb von einer Woche hatten sich fünf Leute dafür zur Verfügung gestellt, und wir konnten diesen Hauskreis starten.

Man muss dazusagen, dass Dirk eine Fähigkeit und Freude hatte, Leuten die Bibel zu erklären und lieb werden zu lassen. So kam es, dass wir nach kurzer Zeit dreißig Leute in unserem Hauskreis als Gäste hatten, manchmal sogar noch mehr. Es waren Nichtchristen, ungläubige Leute, die wirklich nichts mit dem Glauben zu tun hatten, mit denen wir die Bibel lasen und uns anschließend darüber austauschten. Bald hatten zwölf von ihnen eine Entscheidung für Jesus Christus getroffen. Wir waren selbst überrascht und wussten zuerst nicht, was wir jetzt mit ihnen machen sollten. Wir konnten sie schlecht mit in unsere Gemeinde nach Schoppen nehmen, weil die sonntags schon überfüllt war. Und zu den zwölf Leuten gehörten auch noch einige Familien, die wir ja auch noch aufnehmen und gewinnen wollten. Wir trafen uns dann mit einigen Brüdern der Gemeinde in Schoppen und beteten dafür, dass Gott uns die nächsten Schritte zeigte. Tatsächlich machte Gott uns relativ schnell klar, dass wir in diesem Ort, Marienheide-Müllenbach, wo wir unseren Hauskreis hatten, eine Gemeinde gründen sollten.

Eine Woche später kamen Gastwirte aus Müllenbach zum Glauben. Wir hatten vorher schon überlegt, dass der einzige Ort, wo wir uns treffen könnten, eigentlich diese Gastwirtschaft war. Als die beiden jetzt zum Glauben kamen, war für sie klar: Sie wollten nicht länger Gastwirte sein und Bier ausschenken, sondern wünschten sich, dass hier eine Gemeinde entstehen könnte.

Tatsächlich trafen wir uns dann mit unserem Hauskreis kurze Zeit später in der ehemaligen Gaststätte. Die ersten Male saßen wir noch gemeinsam am Tresen und hielten da unsere

Bibelstunden. Später fingen wir an, die Räume zu renovieren, und bekamen Unterstützung von Freunden aus anderen Gemeinden. Wir waren mittlerweile eine Truppe von sechs Brüdern, die verbindlich diese Gemeindearbeit starten wollten. Für uns war klar: Jeder, der hier mitarbeiten wollte, musste auch hier im Dorf wohnen. Und so zogen wir alle nach Müllenbach.

Pizza, Kicker und 15-Minuten-Botschaft

Ich könnte hier jede Menge Geschichten erzählen, aber ich versuche das ein bisschen zu raffen. Uns war wichtig, dass wir unter diesen Leuten wohnten, damit sie sahen, wie wir lebten, und merkten, dass Christus unser Leben bestimmte und wir nicht unser eigenes Ding machten. Bald darauf gründeten wir im Dorf einen Jugendtreff. Das war genial. Die Jugendlichen aus dem Dorf kamen sofort dorthin. Ich durfte ihn viele Jahre leiten. Wir hatten ihnen einen Kicker hingestellt, eine Theke und einen Pizzaofen gebaut – so konnten sie selbst ein bisschen wirtschaften. Der Kernpunkt aber war eine 15-Minuten-Botschaft am Abend und die darauffolgende Gelegenheit für Gespräche. Das wurde super angenommen, und von den Jugendlichen kamen mehrere zum Glauben.

Dadurch bekamen wir großes Vertrauen im Dorf und immer mehr Kontakte, sodass wir viele Möglichkeiten hatten, die Leute einzuladen und mit ihnen über Jesus zu sprechen. Wir erlebten wirklich Großes: Inzwischen sind wir etwa hundert Leute in der Gemeinde – und wir haben nur selten Personen aus anderen Gemeinden aufgenommen, weil es uns ganz wichtig war, eine Gemeinde mit natürlichem Wachstum zu haben und nicht mit Überläufern aus anderen Gemeinden.

Es war eine wunderbare Zeit, und wir beteten und flehten manche Nächte um Gottes Führung, Segen und Bewahrung.

Mittlerweile steht die Gemeinde auf etwas stabileren Füßen. Dirk, der sich damals mit mir getroffen hatte, zog schon ein Jahr nach der Gemeindegründung mit seiner Familie in den Chiemgau, gründete dort eine Firma und – mit einem Bruder, der dort schon einen Hauskreis begonnen hatte – eine Gemeinde. Auch dort kamen Menschen zum Glauben, und unsere Geschichte wiederholte sich.

Wir sind dankbar, dass wir viel von Dirk lernen durften.

Uns wurde in Müllenbach wichtig, gerade auch die jungen Christen in alle Aufgaben mit einzubeziehen. Sie sollten nicht nur Konsumenten bleiben, die einfach dasitzen, sondern jeder sollte seine Aufgabe in ganz verschiedenen Bereichen erkennen und praktizieren.

Deshalb ist Gemeinde für mich etwas sehr Wichtiges und Schönes geworden.

Der Apostel Paulus schreibt in einem seiner Briefe, dass Gott durch die Gemeinde der unsichtbaren Welt – wahrscheinlich den Engeln, Dämonen und wer sonst noch damit gemeint ist – die *»mannigfaltige Weisheit Gottes« (Epheser 3,10)* zeigen möchte, und das finde ich gewaltig.

Aber wir können noch weitergehen und uns fragen: Wenn die Engelwelt jetzt hier auf uns als Gemeinde schaut, was sieht sie da? In vielen Fällen sieht das nicht so schön aus. Doch wenn wir als komplett verschiedene Christen, die von ihrer Prägung her eigentlich keinen Tag miteinander ohne Streit klarkommen würden, lernen, einander zu dienen und unseren Egoismus abzulegen, dann wird etwas von dem Wunder und der Schönheit Gottes sichtbar.

Der bekannte amerikanische Autor William MacDonald schreibt in einem seiner Bücher, wie er in Haifa eine Gemeinde kennengelernt hat, in der Palästinenser und Juden, die Christen geworden waren, miteinander das Abendmahl feierten und Jesus Christus lobten und anbeteten.

Ich glaube, das ist eines der Wunder und Geheimnisse Gottes: dass Menschen, die sich von ihrer Herkunft spinnefeind sein müssten und keine Beziehungen zueinander haben, durch Jesus Christus Brüder und Schwestern geworden sind. Das ist die gewaltige Kraft Gottes, die Liebe Gottes, die das in uns zustande bringt.

Ein weiterer Bibelvers, der mir für den Umgang mit meinen Mitmenschen sehr wichtig geworden ist, steht im Brief von Paulus an die Christen in Kolossä:

»Wandelt in Weisheit gegenüber denen, die draußen sind, die gelegene Zeit auskaufend. Euer Wort sei allezeit in Gnade, mit Salz gewürzt, so dass ihr wisst, wie ihr jedem Einzelnen antworten sollt« (Kolosser 4,5-6).

Ein gesalzenes Leben

Dieser Vers hat mir sehr viel Mut gemacht. Ich habe bereits erzählt, dass ich in meiner wilden Zeit eine Gaststätte betrieben habe. Sehr gerne stellte ich damals auf Tresen und Tische gesalzene Erdnüsse oder Salzstangen. Was war mein Motiv? Nicht, dass ich so spendabel war – im Gegenteil: Es war reines Geschäftsinteresse! Je mehr die Gäste von den salzigen Knabbersachen aßen, umso mehr Durst bekamen sie und entsprechend mehr Bier wurde getrunken.

Genauso sollte unser Leben und unser Reden bei unseren Mitmenschen wie Salz wirken, nachdenklich machen, Interesse wecken und Fragen auslösen: »Was ist eigentlich dran an der Botschaft von Jesus Christus?«

Ich wünsche mir so sehr, dass wir wirklich so leben, dass wir diese Zeit auskaufen, und ein brennendes Herz für die Menschen haben, die Jesus Christus nicht kennen. Wenn wir uns bewusst machen, wie viele Leute täglich ohne Gott sterben, dann ist uns nicht mehr wichtig, wie viel Geld wir verdienen oder wie luxuriös wir wohnen. Das sind alles Sachen, die in der Ewigkeit nicht mehr zählen werden. Dann wird deutlich werden, ob unser Leben unseren Nachbarn, Kollegen und Bekannten ein glaubwürdiger Anreiz war, die Bibel und Gott ernst zu nehmen und Jesus Christus kennenzulernen.

Wenn wir als Christen wirklich in einer engen Gemeinschaft mit Gott leben, dann drängt uns diese Liebe zu den Menschen, ihnen auf irgendeine Weise ein Wegweiser zu unserem Erlöser zu sein.

Andi als Kind und Teenie
(jeweils links im Bild)
mit seinen Geschwistern
Antje und Markus,
Mutter Gerda und
Vater Gerd

Andi während seiner Zeit krimineller Machenschaften

Totalschaden unter Drogeneinfluss

Ferkel Egon am Spieß – wenige Monate nach Andis Umkehr

Hochzeit mit
Helene am
19. Juli 2002

Mit Töchtern
Naemi und
Hannah

„Zweitbester Papa“

Andi als einer der Geschäftsführer im „Leseplatz“-Team

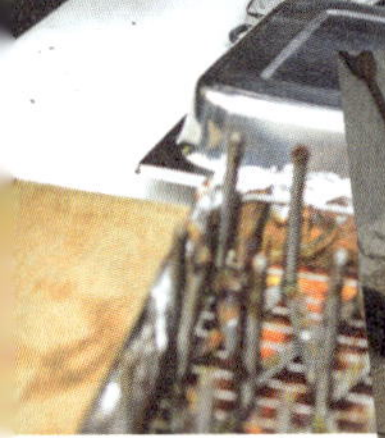

In der Jugend- und Gemeindearbeit

Als Mitarbeiter in der Freizeitarbeit und unterwegs in der Evangelisation

Teil 2

TRAUER- UND DANKES- FEIER

*„Sterben ist kein ewiges getrennt werden;
es gibt ein **Wiedersehen** an einem **helleren Tag** …"*

… mit unserem Papa, meinem Ehemann,
Sohn, Bruder, Schwager, Onkel und Freund

Andreas Bühne

*16. 06. 1971 †21. 08. 2016

… wir sind traurig …

Lena mit Naemi & Hannah
Gerd
Jörg & Antje mit Aaron & Joana, Jonas, Sara
Markus & Claudia mit Lukas, Julia
Wolfgang & Ulla mit Kindern
und alle Angehörigen

*Die Trauerfeier findet
am 27.08.2016 um 10:00 Uhr, in der Gemeinde
Bernberg, Kastanienstr. 76, 51647 Gummersbach statt.*

*Anschließende Beisetzung am Friedhof Müllenbach,
Graf-Albert-Str. 51, 51709 Marienheide.*

Traueranschrift:

*Helene Bühne
Im Strick 11,
51709 Marienheide-Müllenbach*

Wir bitten von Blumenspenden abzusehen – eine Spende für den „Gemeindebau Müllenbach" wäre in Andis Sinn gewesen.
Bankverbindung: Christl. Gemeinde Müllenbach e.V. · IBAN DE72 3705 0299 0359 5530 91 · Verwendungszweck „Andreas Bühne"
· Andi hat sich eine fröhliche Abschiedsfeier gewünscht zu der man nicht in schwarzer Kleidung erscheinen muss. ·

Wolfgang Bühne

Traueransprache

Auszug aus der Traueransprache von Wolfgang Bühne bei der Beerdigung von Andreas Bühne am 27. 08. 2016 im Gemeindesaal Gummersbach-Bernberg, zu der etwa 700 junge und ältere Trauergäste aus verschiedensten sozialen Schichten gekommen waren.

»Da schickte der König nach ihm und schenkte ihm die Freiheit« – dieser ungewöhnliche Satz auf dem Kopf einer Todesanzeige erinnert eher an das Happy End eines Märchens der Gebrüder Grimm als an einen Vers aus der Bibel (Psalm 105,20). Der Vers erinnert an den gefangenen Joseph, der vom damaligen Pharao aus dem Gefängnis befreit und in einen völlig neuen, traumhaft schönen Lebensabschnitt entlassen wurde.

Diesen Bibelvers hat Lenas und Andis Tochter Naemi ausgesucht, weil sie meinte, der würde gut zum Leben ihres Papas passen.

Es ist eine ungewöhnliche Traueranzeige für einen ungewöhnlichen, oder besser außergewöhnlichen Papa, Ehemann, Sohn, Bruder, Onkel und Freund.
Dass diese Beerdigung keine gewöhnliche Beerdigung ist, erkennt man auch an sehr verschiedenen Beschreibungen auf der Anzeige: Da ist die Rede von der »Trauerfeier«, mit Ortsangabe, Datum und Uhrzeit, und ganz unten, als letzter Satz der Anzeige, ist die Rede von einer »fröhlichen Abschiedsfeier, zu der man nicht in schwarzer Kleidung erscheinen muss«. Sollen wir nun in den vor uns liegenden Stunden weinen oder lachen? Kann man trauern und doch fröhlich sein?
Der Wunsch nach einer fröhlichen Abschiedsfeier kommt von dem ungewöhnlichen Andi, der bereits im Alter von 41 Jahren sein Testament schrieb. Darin hat er auch präzise Wünsche für seine Beerdigung zu Papier gebracht. Mit ausdrücklicher Erlaubnis von Lena zitiere ich einige Sätze aus seinem »letzten Willen«. Es beginnt mit dem ergreifenden Satz:

> *»Liebe Lena, wenn du diesen Brief öffnest, bin ich vor dir zu unserem Herrn gegangen. Das ist ein komischer Gedanke, nachzudenken, wie es dir und unseren zwei lieben Kindern geht, wenn ich gestorben bin. Aber dieser Brief soll dir eine Hilfe sein.«*

Und dann wünscht er sich zum Thema Beerdigung:

»Ich wünsche mir, dass es keine normale Trauerfeier wird. Es soll ein Tag sein, an dem Gott gedankt wird, dass er einem miesen Sünder vergeben hat und ihm neues Leben geschenkt hat. Dankt dem Schöpfer dafür, dass er mir so tolle Leute gegeben hat (Lena, meine Kinder, Eltern, Wolfgang und Ulla, die Gemeinde Müllenbach, das Buchladenteam und so viele andere).«

Deswegen haben wir auch das bekannte Lied *Amazing Grace* gesungen, das gedichtet wurde von dem ebenfalls miesen Sünder John Newton aus dem 18. Jahrhundert, einem notorischen Lügner und Dieb, einem gottlosen Flucher und Lästerer, Hurer und Sklavenhändler – bis er am Tiefpunkt seines Lebens seine Bekehrung zu Gott erlebte, von der Gnade Gottes überwältigt –, und der bis an sein Lebensende ein Seelsorger und Prediger der Gnade Gottes wurde, die er bis zu seinem Tod in vielen Liedern, Büchern und Predigten gerühmt hat, und der wesentlich dazu beigetragen hat, dass die Sklaverei und der Sklavenhandel in England verboten und abgeschafft wurde.
Weiter schreibt Andi in seinem Testament, dass er es schön fände, wenn über »Freiheit« gesprochen werden könnte:

»Danach habe ich mich immer gesehnt und durch Jesus habe ich es erleben dürfen.«

»Bitte zieht keine schwarzen Kleider an, das hat mich immer an Beerdigungen gestört. Lass unsere Mädels ihre Lieblingskleider tragen ... Freut euch, ich bin an einem besseren Ort und warte auf euch!«

Dann erinnert er an seine früheren Freunde:

»Bitte ladet [XY] ein, der soll meinen alten Kollegen mitteilen, dass ich gestorben bin. Es wäre toll, wenn sie kommen würden und ihnen das Evangelium gesagt wird. Leider fehlte mir bei ihnen oft der Mut, da ich mich für mein altes Leben schäme.«

Auch das ist typisch für Andi: Auch angesichts des Todes denkt er an seine alten Freunde und wünscht, dass auch sie seine gefundene Freiheit erfahren.
Und dann beendet er sein Testament mit den bewegenden Worten an Lena:

»Sage unseren Kindern immer wieder, dass sie das Beste sind, was ich habe. Mach ihnen Jesus lieb. Lass sie spüren, dass sie etwas ganz Besonderes sind.
Gott mit dir, meine liebe Frau, wir sehen uns.

Marienheide, den 14. 09. 2011«

Ein ungewöhnliches Testament. Gerne möchte ich den hier anwesenden Männern unter 45 dringend ans Herz legen, ihr Testament zu machen und ihre Beerdigung frühzeitig vorzubereiten. Es wird uns vor jeder geistlosen Trödelei und nutzlosen Verplemperung unseres einmaligen Lebens bewahren, wenn wir in unser Lebens-Navi als Zielort »Ewigkeit« eintippen. Andi war uns Männern darin ein Vorbild!

Ungewöhnlich ist auch die Verschiedenheit der anwesenden Trauergäste – welch eine bunte Mischung von Jung und Alt, Arm und Reich! Chaoten und Erfolgsmenschen – »Asis und Promis«, würde Andi sagen. So hat Andi es geliebt. Und so bunt sieht die Menge derer aus, die Jesus lieben und nachfolgen: sehr verschieden und doch in einer vielfarbigen Harmonie, weil sie einen gemeinsamen Herrn und Heiland haben, der sie aus einem Leben der Selbstsucht befreit, am Kreuz auf Golgatha stellvertretend für sie gestorben ist, ihre Schuld vergeben und ihnen ein herrliches Ziel vor Augen gestellt hat.

Und wenn am Schluss dieser traurig-fröhlichen Trauerfeier von einigen jungen Leuten ein fast dreihundert Jahre altes Lied in englischer Sprache – allerdings mit einem modernen Rhythmus – gesungen wird, dann ist auch das ungewöhnlich und doch sehr passend. Es ist ein Lied, das in aller Welt bekannt ist:

»O herrlicher Tag,
als Jesus mir meine Sünden abgewaschen hat. Oh Happy Day!

Er lehrte mich, wie man aufpasst, kämpft und betet
und jeden Tag mit großer Freude lebt. Oh Happy Day!«

Ungewöhnlich ist auch, dass ich hier stehen und ein paar Worte der Erinnerung sagen darf. Aber Andi hat es in seinem Testament so gewünscht, obwohl ich 25 Jahre älter bin – und ich ihn in *meinem* Testament als einen der Redner auf *meiner* Beerdigung aufgezählt habe. Unsere beiden Testamente haben übrigens bis vor sechs Tagen fünf Jahre lang friedlich nebeneinander im Tresorfach gelegen ...

(Hier folgte in der Ansprache eine Kurzfassung von Andreas' Leben, wie es bereits auf den vorigen Seiten ausführlich geschildert wurde – bis zu dem Zeitpunkt, als er nach seiner Bekehrung nach Meinerzhagen zum Freizeithaus Schoppen gebracht wurde.)

Nach Jahren sah ich Andi zum ersten Mal wieder. Als Teenie war er ab und zu in unseren Freizeiten gewesen und als »Bomber« bekannt, weil er beim Fußballspielen mit seiner damals massigen Gestalt immer in der Verteidigung spielte und mit Vorliebe den Ball nach vorne drosch. Jetzt stand er vor mir, den kaputten Arm in der Schlinge, eine Bermuda-Hose und ein Hawaii-Hemd an und Schlappen an den Füßen. Von seiner Pläte hingen seitlich die Haare bis auf die Schultern – wie man sich einen Hippie der 90er-Jahre vorstellt –, und wir grinsten uns an.

Ein paar Tage später kam er zu mir, ein Taschenbuch in der Hand, und sagte voller Stolz: »Das hier ist das erste Buch in meinem Leben, das ich gelesen und bis zum Ende gelesen habe.«

Und dieser Bomber, der keinen Berufsabschluss vorweisen konnte, bisher nichts mit Büchern zu tun hatte, jede Art von Autorität ablehnte, der wohnte einige Jahre mit uns zusammen in einer Art Wohngemeinschaft, wo es mit ihm auf und ab ging, aber wo viele Freunde ihm halfen, charakterlich und geistlich zu wachsen.

Er lernte, Verantwortung zu übernehmen, schließlich in unsere christliche Buchhandlung einzusteigen und nach Jahren Geschäftsführer zu werden – mit vielen Ideen und dem großen Anliegen, Menschen auf alle Weise mit der Bibel und Jesus Christus bekannt zu machen.

2002 hat er Lena geheiratet. Ihnen wurden zwei Mädchen, Naemi und Hannah, geschenkt. 2006 hat er in Müllenbach ein Haus gebaut, um dort mit einigen anderen Familien und Freunden zu leben und Jesus Christus zu bekennen.

Hatte er bis zu seiner Umkehr etwa 22 Jahre ohne Gott gelebt, so hat Gott ihm weitere 23 Jahre geschenkt, die er fast rastlos eingesetzt hat, um mit Wort und Tat Jesus Christus zu ehren und vielen jungen und älteren Menschen ein Freund und ein Wegweiser zu Jesus Christus zu sein. Die Freiheit und Befreiung, die Gott ihm geschenkt hatte, setzte er nun ein, um Gott und Menschen zu dienen. Vielen wurde er ein Freund, dem man das Herz ausschütten und vor dem man ehrlich sein konnte.

Ein Brief, der vor drei Tagen von seinem Freund Marc aus Paderborn, einem ehemaligen Drogenabhängigen und fanatischen Antifa-Kämpfer, geschrieben wurde, drückt deutlich aus, welcher Einfluss von Andi ausging:

> *»Wie schön war es, mit Andi zu reden. Selbst wenn er starke Schmerzen hatte, hatte er immer ein freundliches Wort. Stets hatte er ein Zeugnis zur Ehre Gottes auf den Lippen. Er hat den Herrn gerühmt für all die Wohltaten, die er ihm getan hat!*
> *Wie schön war es, mit ihm den Heilsbecher zu erheben und Jesus zu loben! Selbst am Telefon war es eine echte Freude. Ich vermisse Andi. Mir war besonders warm ums Herz, wenn ich seinen Eifer für evangelistische Schriften u. Ä. sah. Was für einen Segen hat unser Dienst durch seine Hand erfahren!!!*
> *Er wollte seine Gelübde erfüllen ...«*

Wenn ich an Andi denke und daran, was er mir und vielen anderen war, fällt mir ein Nachruf ein, der vor fast 250 Jahren von John Wesley über seinen heimgegangenen Freund George Whitefield gehalten wurde. Darin sagte er unter anderem:

> *»Sollten wir nicht erwähnen, dass er ein Herz hatte, das zur großzügigsten und innigsten Freundschaft fähig war? Ich habe oft gedacht, dass dies neben allen anderen die wirklich bezeichnende Eigenart seines Charakters war. Wie wenigen Menschen*

sind wir begegnet, die ein so freundliches Gemüt hatten, aus dem die wärmsten Zuneigungen frei und voll fließen konnten! War das nicht die Ursache, warum die Herzen anderer in solch eigentümlicher Weise zu ihm gezogen und mit ihm verbunden wurden?«

Ich meine, diese Charakterbeschreibung trifft ähnlich auch auf Andi zu. Oft kamen Bekannte oder Ratsuchende zu ihm ins Büro, und er nahm sich Zeit für sie. Und er, der bis zu seiner Bekehrung nicht ein einziges Buch gelesen hatte, hat in den folgenden Jahren Hunderte von Büchern gelesen, die er dann glaubwürdig als seelsorgerliche Hilfe vorstellen und empfehlen konnte.
Andi schloss einmal sein Lebenszeugnis mit folgenden Sätzen:

»Heute bin ich 23 Jahre frei von Drogen und muss mich nicht mehr um Anerkennung bemühen, weil ich von Jesus geliebt bin.
Das war die beste Entscheidung meines Lebens.
Gott hat mir eine Frau und zwei Kinder anvertraut.
Danke, Jesus!«

Andis Lebenszeugnis ist vielleicht für manche seiner früheren Freunde ein letzter, dringender Appell, das eigene Leben Jesus Christus anzuvertrauen, der allein echte Freiheit von Schuld, Sünde und einem sinnlosen, verkorksten Leben schenken kann. Andis kurzes, aber intensives Leben ist aber auch für manche unter uns ein Mut machendes Beispiel dafür, dass es – egal ob

Christ oder Nichtchrist – keine hoffnungslosen Fälle für Gott und keinen Grund zur Resignation gibt.
Und wenn du selbst bereits vor den Toren der Ewigkeit stehst und das durchschnittlich zu erwartende Lebensalter überschritten hast und auf ein Leben ohne Gott oder sogar in Rebellion gegen Gott zurückblickst: Lass dich durch Andis Zeugnis ermutigen, dich vor Gott zu demütigen und seine Vergebung zu suchen und anzunehmen.
In unseren Jugend-Freizeiten singen wir gerne ein Lied von Theo Lehmann und Jörg Swoboda, wo es im Refrain heißt:

»Bleibt mein Leben ohne Spur wie des Vogels Flug,
oder zieh ich für die Saat Furchen wie der Pflug?
Ich will meine Schritte in Gottes Spuren gehn.
Dann wird auch mein Leben nicht im Wind der Zeit verwehn.«

Andis kurzes Leben hat Spuren hinterlassen – sonst würden heute nicht so viele Trauergäste an dieser Beerdigung teilnehmen.
Wir alle leben nur einmal – wie tragisch, wenn es ohne Ewigkeitsbezug im Wind der Zeit verweht! Der Dichter und Philosoph Sören Kierkegaard brachte es mit folgenden Sätzen sehr deutlich auf den Punkt:

»Man lebt nur einmal;
ist, wenn der Tod kommt,

dein Leben wohl genutzt,
das heißt, so genutzt, dass es sich richtig zur Ewigkeit verhält:
Gott sei ewiglich gelobt;
ist es das nicht,
so ist es ewig nicht wiedergutzumachen –
man lebt nur einmal!«

Abschließend noch ein kurzes Wort an Lena. Ein guter Freund aus Hannover hatte von dem Tod Andis gehört und erinnerte mich vor drei Tagen an ein Gedicht, das von einem deutschen Soldaten im Jahr 1943 während der Schlacht um Stalingrad geschrieben wurde und der diese furchtbare Schlacht nicht überlebt hat:

»Erscheinen meines Gottes Wege
mir seltsam rätselhaft und schwer,
und gehen Wünsche, die ich hege,
still unter in der Sorgen Meer.
Will trüb und schwer der Tag verrinnen,
der mir nur Schmerz und Qual gebracht,
so darf ich mich auf eins besinnen:
dass Gott nie einen Fehler macht.

Wenn über ungelösten Fragen
mein Herz verzweiflungsvoll erbebt,
an Gottes Liebe will verzagen,

weil sich der Unverstand erhebt,
dann darf ich all mein müdes Sehnen
in Gottes Rechte legen sacht
und leise sprechen unter Tränen:
dass Gott nie einen Fehler macht.

Drum still, mein Herz, und lass vergehen,
was irdisch und vergänglich heißt,
im Lichte droben wirst du sehen,
dass gut die Wege, die er weist.
Und müsstest du dein Liebstes missen,
ja, ging's durch kalte, finstre Nacht,
halt fest an diesem sel'gen Wissen:
dass Gott nie einen Fehler macht!«

Herbert Sack (1902 – 1943)
in Stalingrad niedergeschrieben

Daran wollen wir uns auch an dieser traurig-fröhlichen Trauer- und Dankesfeier gegenseitig erinnern: dass Gott nie einen Fehler macht.
Wir wollen Gott – wenn auch unter Tränen – danken, dass er dir, Helene, Naemi und Hannah, und uns Andi gegeben – aber nun auch zu sich genommen hat.
Amen.

Teil 3

RUNGEN

HELENE BÜHNE

Unser Wunder

Gerade hat das Jahr 2002 begonnen. Andi fühlt sich einsam und sucht eine Frau fürs Leben. Natürlich ist das absolut nicht einfach für ihn, und so entscheidet er sich für einen Weg, der mit sehr viel Vorsicht zu genießen ist.

So außergewöhnlich wie Andi im echten Leben ist, so außergewöhnlich ist auch der Text seiner Anzeige für die Partnersuche im Internet. Andi sucht eine Frau, die ihr Leben Jesus zur Verfügung stellen möchte. Er findet es sehr spannend, sein Leben von Jesus führen zu lassen, und wünscht sich eine Frau, die mit ihm gemeinsam das »sicherste Abenteuer« wagt.

Andi hat nicht wirklich eine Vorstellung von dem, was »ihr Leben Jesus zur Verfügung stellen« bedeutet. Aber es hört sich fromm an! Er will keine mundtote Frau, sondern eine, der ihr Heiland wichtiger ist als ihr Mann. Es ist ihm sehr wichtig, gemeinsam mit einer Frau Jesus dort zu dienen, wo Jesus es möchte.

Tatsächlich antwortet ihm am Tag der Aufgabe der Anzeige ein Mauerblümchen mit Vergangenheit, das sich als Ehemann

einen tiefgläubigen Christen mit viel Verständnis, Liebe, Treue und Geborgenheit wünscht, der mit ihr gemeinsam den echten Glauben leben möchte, trotz aller Schwierigkeiten.
Bevor sie zum Nachtdienst fährt, verspricht sie ihm, während ihrer Arbeit für die gemeinsame Zukunft zu beten, Gott um Segen anzuflehen und zu fragen und herauszufinden, ob er es zulässt, dass es bald zwei einsame Herzen weniger gibt ...
Und so sind die beiden einsamen Herzen sehr schnell auf einer höchst »geistlichen« Ebene gelandet und verbringen beide täglich ganz viel Zeit am PC, denn fast 250 Kilometer liegen zwischen ihnen. Sie beten oft füreinander, und obwohl Andi noch nicht glaubt, dass aus ihnen beiden überhaupt etwas wird, findet er Helenes Schreibstil total interessant – er könnte tagelang weiterlesen!
Er hat gemerkt, dass sie kein oberflächlicher Mensch ist, und außerdem findet er sie noch mächtig sympathisch. Andi ist überzeugt: Das gibt es nicht alle Tage!
Ziemlich schnell tauft er Helene in »Lena« um, und nur zehn Tage nach der ersten Mail findet das erste Telefonat statt – welches knappe zwei Stunden dauert! Andi macht sich viele Gedanken, findet seine Vorgehensweise, eine Frau zu gewinnen, unglücklich gewählt – geht es ihm doch ernsthaft darum, gemeinsam das Leben Gott zur Verfügung zu stellen und ihm zu dienen. Er nimmt trotzdem kein Blatt vor den Mund und bekundet seinen Entschluss, eine Ehe nach dem Prinzip zu leben:

»Trachtet aber zuerst nach dem Reich Gottes und nach seiner Gerechtigkeit, und dies alles wird euch hinzugefügt werden« (Matthäus 6,33).

Seit dem ersten Kontakt sind erst zwei Wochen vergangen, aber Andi ist schon der Schwärmerei verfallen und süchtig nach der nächsten Mail von »seiner« Lena! Und obwohl er seine Flamme nicht bedrängen möchte, hält er es ohne Gelegenheiten, ihre Stimme zu hören, nicht mehr aus. Andi betet intensiv für Spontaneität bei Lena.

Unterdessen ist Lena völlig von ihrer bisherigen Strategie, dass den ersten Schritt doch gefälligst der Mann zu machen hat, abgekommen und wächst durch Andis seltsame Art, an eine Frau zu kommen, über sich hinaus.

So kommt es dazu, dass sie Andi völlig perplex macht und ihm ein Date vorschlägt: Lena besucht den komplett verstörten und plötzlich sensibel gewordenen Andi Bühne in seiner Meinerzhagener Wohnung, die dafür extra am Tag vorher noch von einer »Putzfrau« gründlich gereinigt werden muss!

Lena besitzt keinen Scanner und konnte kein Foto per Mail schicken. Deshalb denkt Andi auch nicht im Traum daran, dass die Frau auf der Straße, die jetzt gleich vor ihm stehen wird, tatsächlich »seine« Lena ist! Sie hat ein Foto von ihm erhalten, doch konnte nicht glauben, dass es der Realität entspricht, bis sie sich nun gegenüberstehen.

Niemals in der gemeinsamen Zeit danach hat Lena ihn noch mal so nervös, zitternd und völlig aufgelöst erlebt. Ein Baum, ein Bär, ein absolut starker Kerl, der so zerbrechlich und hilflos wirkt. Zu nichts mehr fähig, völlig verschossen und das in einem einzigen Augenblick. Wahnsinn! Er hat seine persönliche Heldin gefunden! Nach nur 19 sehr intensiven Tagen wird aus dem Ich&Du ein Wir! Unser Wunder ...

Nicht ganz unerwähnt darf bleiben, dass Andi seiner Lena verboten hat zu erzählen – vor allem seinem Onkel Wolfgang –, wie er sie kennengelernt hat! Das war dann wohl doch etwas zu ungewöhnlich!

Wären Andis Vorstellungen vom Leben Wirklichkeit geworden, dann hätten die Hochzeitsglocken schon wenige Wochen nach der ersten Begegnung geläutet. Leider scheiterte es an den Räumlichkeiten, die dann doch so kurzfristig nicht aufzufinden waren. Ein halbes Jahr später klappte es dann doch noch.

Der Alltag

Der Alltag mit seiner Realität holte uns schnell ein, und schon bald merkten wir, wie schwierig es ist, verheiratet zu sein. Wir versagten ziemlich oft und machten uns gegenseitig das Leben schwer. Für viele Menschen um uns herum waren wir jedoch ein gut funktionierendes Team. Niemand ahnte, wie sehr und wie oft wir uns abquälten.

Wir packten alles an, was uns über den Weg lief, mit dem Vorhaben im Nacken: »Trachtet zuerst nach dem Reich Gottes …« Für jeden und für alles hatten wir immer Zeit – und gingen selbst dabei vor die Hunde. Vor lauter »geistlicher« Aktivität nahmen wir uns keine Zeit, ein Ehepaar zu sein. Wir schafften es nicht, eine innige seelische und emotionale Beziehung zu pflegen, weil wir kaum fähig dazu waren, miteinander zu reden.

Und was noch viel gravierender ist: Wir haben nicht miteinander gebetet. In den vierzehn Jahren Ehe kann ich mich an lausige drei gemeinsame kurze Zeiten vor Gott erinnern … Andi hatte von Anfang an die Vorstellung, Zeiten mit Gott müsse jeder für sich alleine haben.

Ich durfte vierzehn Jahre an Andis Seite sein, und mir ist es sehr wichtig, dass niemand durch das, was ich schreibe, den Eindruck bekommt, Andi würde hiermit ein Abriss erteilt oder sei ein Unmensch gewesen, der an allem schuld war. Ich habe meinen Teil der Schuld zu tragen …

Es ist mir ein innigstes Herzensanliegen, zu vermitteln, dass man nicht einfach heiraten kann in dem Glauben, eine Ehe wäre ein Selbstläufer. Die Verantwortung für die Ehe und die Kinder sollte über allen anderen Aktivitäten und Diensten sehr ernst genommen werden.

Leider habe ich viel zu oft erfahren müssen, dass der Teufel richtigen Spaß daran hat, eine Ehe zu zerstören. Und das passierte in unserer Ehe – aus Mangel an Kommunikation, weil wir offensichtlich unsere Prioritäten auf andere Dinge gelegt hatten.

Wir haben beide versagt!

Andi war ein Mann mit Pioniergeist! Er hatte sein Leben, ab seinem persönlichen Wendepunkt, an Gott abgegeben, und oft hatte ich den Eindruck, als wäre er in einem Hamsterrad und drehte sich immer schneller. Nie war das, was er tat, genug. Es musste immer noch mehr geleistet werden.

Andi hat sehr vielen Menschen geholfen, war für sie ein Vorbild, ein Held, der sich etwas traute. Er setzte seine Ideen durch, war ein Kämpfer und ließ sich von seinen Vorhaben von nichts und niemandem abbringen. Das war seine Stärke und zugleich seine Schwäche.

Für mich persönlich war Andi nicht unbedingt ein Held. Er war einfach nicht da, wenn ich ihn brauchte, oder er hatte keine Zeit ... Ich musste die Erfahrung machen, wie einsam man doch in einer Ehe sein kann, und hoffte sehr, dass Andi irgendwann verstehen würde, wie ich mich fühlte. Dabei ging es nicht um permanente physische Anwesenheit. Für mich war und ist es auch heute immer noch sehr wichtig, dem Wirken Gottes nicht im Wege zu stehen. Das wusste Andi sehr genau. Aber es tut weh, mit anderen Menschen in einem Raum zu sein und das Gefühl zu haben, dass der Ehemann von allen Anwesenden weiß, wie es ihnen geht – nur von seiner Ehefrau weiß er es nicht, und umgekehrt seine Ehefrau genauso wenig von ihm.

Gott hat uns trotz aller Schwierigkeiten doch noch zwei Töchter anvertraut. Und auch für meine beiden Ladies war es nie einfach, ständig auf den Papa verzichten zu müssen. Eine Frage der Kinder, die immer noch schmerzlich in Erinnerung ist, war: »Mama, wann kommt der Papa endlich nach Hause?«

Sie liebten ihn über alles. Und obwohl der damals unsensible Andi am Anfang unserer Ehe (also bevor unsere beiden Mädels zur Welt kamen) irgendwann einmal den beklopptesten, aber cool gemeinten Satz von sich gegeben hat, er könne auch sehr gut ohne Kinder leben, plagte ihn später oft sein Gewissen, das ihn anklagte, viel zu wenig Zeit mit ihnen zu verbringen.

Wir waren (und ich bin es immer noch) die größten Versager unter Gottes Sonne! Und ich wünsche mir sehr, dass dieses Buch allen Ehepaaren die Augen öffnet, sie zum Nachdenken, Hinterfragen und vielleicht einem veränderten Ehe- und Familienleben führt.

Andi hätte niemals gewollt, dass ein Buch über ihn geschrieben würde, in dem er als Held gefeiert wird. Und deshalb darf dieses Buch nur einen Zweck haben: *Gott* muss als Held gefeiert werden!

Das Wunder wurde kein Desaster!

Fast könnte der Eindruck erweckt werden, »unser Wunder« sei zu einem Desaster geworden und als Tragödie geendet. Diese These möchte ich gerne als unmittelbar Beteiligte widerlegen! All das, was ich erleben durfte oder musste, gehörte zu Gottes Plan A für mein Leben. Und Gott braucht keinen Plan B!

Zu Andis und meinem Leben gehörte es, ein Ehepaar für nur vierzehn Jahre zu sein, schwierige und herausfordernde Zeiten in der Ehe durchzumachen, eigenes Versagen zu ertragen, mit seelischen und emotionalen Wunden leben zu lernen, erleben zu dürfen, dass Gott auch totale Versager gebraucht und ganz viel Segen schenkt.

An seinem Sarg in der Trauerhalle musste ich meinem verstorbenen Ehemann, der jetzt so schrecklich kalt geworden war, aber doch einen sehr entspannten und friedlichen Gesichtsausdruck hatte und dabei so aussah, als würde er auf dem Sofa sein Mittagsschläfchen machen, sagen: »Hätten wir gewusst, dass wir nur vierzehn gemeinsame Jahre haben würden – wir hätten sicher anders gelebt!«

Was ich von Andi lernen durfte

Durch Andi habe ich gelernt, dass Essen Lebensqualität bedeutet – vor allen Dingen: feinstes Fleisch. Er war einfach ein absoluter Genießer! Seine Geste beim Anschnitt eines perfekt gegrillten Steaks war unschlagbar. Ich erinnere mich noch an die letzte gemeinsame Aktion: Während der Bauphase des Gemeindehauses gab es von Andi gegrilltes Schaschlik. Die anwesenden Männer fragten sich scherzhaft, ob es im Himmel wohl auch Fleisch geben würde ...? Einer der Männer sagte: »Spätestens dann, wenn Andi da ist!«

Auch Großzügigkeit habe ich mir bei Andi abgeguckt. Er glaubte einfach felsenfest, dass Gott dafür sorgt, dass alles mehrfach zurückerstattet wird. Nach seinem Tod habe ich es erleben dürfen, wie Gott sich um finanzielle Sorgen kümmert.

Obwohl ich Andis oft verbissene Art häufig als die »Bühn'sche Sturheit« bezeichnet habe, hat sie im Laufe der Zeit auf mich abgefärbt. Zumindest behaupten meine Mitmenschen, genau diese Art ab und zu an mir zu entdecken. Wenn Andi von etwas überzeugt war, dann zog er es auch durch – mit dem Kopf durch die Wand, ohne Rücksicht darauf, ob er am Ende der Einzige war, der es erledigen musste, oder ob er Anhänger hatte. Mit Überzeugung volle Kraft voraus! Und manchmal auch mit 300 vor die Wand. Hoffentlich lerne ich, diese Eigenschaft in etwas Positives umzusetzen und so mein Leben in voller Überzeugung mit Gott zu gestalten: umsichtig, mit ganz viel Rücksicht auf Verluste, immer den Auftrag Gottes abwartend – und dann Vollgas geben, mit dem Segen Gottes im Rücken.

Andi war mein Wunder, das Gott mir geschenkt hat. Gott hat unsere Wege zusammengeführt, und das ist viel mehr wert als menschliche Gefühle! Dieses Wissen hat uns zusammengebracht, hat uns Kraft gegeben, gemeinsam unsere Ehe zu leben.

Am Sonntag, dem 21. 08. 2016, gegen 9:00 Uhr ist der schlimmste Albtraum meines Lebens wahr geworden. Noch ein paar Tage zuvor hatte ich zu Andi gesagt: »Ein Leben ohne dich kann und will ich mir nicht vorstellen.«

Hätte Andi entscheiden dürfen, ob er uns alleine lässt, mit all den Sorgen, Schmerzen und der Trauer, aber auch einem Berg von Chaos – er hätte es nicht gewollt.

Andi war für mich mein »Baby-Löwe«. Löwen sind Könige der Tiere, sind Rudeltiere, Fleischfresser, erreichen kurzfristig eine hohe Geschwindigkeit, jagen in der Nacht, brüllen lautstark, gelten als Sinnbild von Macht und Herrschaft.

Mein »Baby-Löwe« war bei ganz vielen Menschen sehr beliebt und war vielen sehr wichtig. Wenn er einen Raum betrat, war er nicht zu übersehen. Er brauchte kein Mikrofon zum Sprechen! Er liebte es, mit Menschen zusammen zu sein, mochte den Trubel. Er setzte sich oft ganz hohe Ziele und hatte hohe Erwartungen an sich selbst. Seine Statur erweckte einen gewissen Respekt. Doch ich kannte auch eine sehr sensible und empfindliche Art.

Leider muss ich jetzt auf ihn verzichten.

Wenn Andi heute vor meiner Haustür stehen und mich fragen würde, ob ich mir ein Leben mit ihm vorstellen könnte, dann würde ich auch heute, einige Jahre nach seinem Tod, sagen: »Ja! Bis dass der Tod uns scheidet!«

Andis Tod hat mich in meiner Beziehung zu Gott maßgeblich bereichert. Und ich hoffe sehr, dass Gott mir diese Sicht bewahrt und ich bis zu meinem Lebensende immer wieder sehr überzeugend sagen kann: »Gott ist ein Gott der Witwen und Waisen!«

79

NAEMI BÜHNE

Zweitbester Papa

Viele werden sich jetzt wahrscheinlich fragen, warum ich diesem Text die Überschrift »Zweitbester Papa« gegeben habe. Aber mir wurde schon als kleines Kind beigebracht, dass Gott der beste Vater ist, den man je haben kann. Deshalb diese Überschrift …

Als ich kleiner war, dachte ich, mein Vater sei früher immer sehr lieb und brav gewesen. Doch irgendwann bekam ich mit, wie er erzählte, dass er früher viele Drogen genommen und schlimme Dinge getan habe. Das konnte ich alles nicht glauben und vergaß die Sache deshalb auch schnell wieder. Jetzt lese ich dieses Buch, und mir werden viele Sachen erzählt, die er früher getan hat – aber nicht nur schlimme Sachen, sondern auch schöne Erinnerungen. Manches kann ich immer noch nicht glauben.

Doch trotz all dieser schlimmen Dinge, die er getan hat, liebe ich ihn immer noch. Vor allem deshalb, weil er es geschafft hat, mich elf Jahre lang großzuziehen. Die letzten paar Jahre waren vielleicht nicht gerade die leichtesten, weshalb es auch manchmal zwischen uns gekracht hat, aber das war auch immer schnell wieder vergessen.
Es ist jetzt schon vier Jahre her. Ich freue mich schon mega auf das Wiedersehen im Himmel. Mit meinen beiden Papas.
Einer meiner Lieblingsverse steht in Jeremia 29,11:

> *»Denn ich weiß ja die Gedanken, die ich über euch denke, spricht der HERR, Gedanken des Friedens und nicht zum Unglück, um euch Ausgang und Hoffnung zu gewähren.«*

FAMILIE AUS SCHWELM

Erinnerungen

Jemand, der immer Zeit hatte, auch wenn er keine hatte.
Jemand, der wirkliches Interesse an uns, unserem Leben und unserem Leben mit Jesus hatte.
Jemand, mit dem man Pferde stehlen konnte und der für fast jeden »Mist« zu haben war.
Jemand, der uns immer weiterhelfen konnte, wenn wir ein Buch für Freunde oder Verwandte und Menschen, die Gott noch nicht kannten, suchten.
Jemand, der immer sehr großzügig war!
Jemand, bei dem es immer viel und gutes Essen gab, besonders Fleisch.
Jemand, mit dem man geistliche Probleme und unterschiedliche Ansichten ausdiskutieren konnte.

Jemand, dem es wichtig war, dass besonders die junge
Generation biblisches Wissen und ein Fundament
im Glauben aufbaut.
Jemand, der zu fast allen Dingen eine Meinung hatte.
Jemand, den man immer bei technischen (Computer-)
Problemen fragen konnte.
Jemand, der Menschen oder Freunde aus »alten Zeiten«
nicht vergessen hatte.
Jemand, bei dem es reichte, wenn er einfach da war.
Jemand, mit dem man herzhaft lachen konnte.
Jemand, der Menschen im Glauben und im Alltag
begleiten konnte.
Jemand, der uns ein Vorbild war für die Arbeit in der Gemeinde.
Jemand, der Freude daran hatte zu dienen.
Jemand, den man gerne in alle Dinge des Lebens
eingebunden hat.
Jemand, der eine Hilfe war, im Glauben zu wachsen,
weil er einfach auch aus einem Leben ohne Gott berichten
konnte und immer geerdet war.
Jemand, an den man sich auch jetzt noch in vielen Situationen
erinnert, der präsent in unserem Leben ist und den wir
sehr vermissen!

VIKTOR OTT

Urlaub mit Schwager Andi und Familie

Mit der Hochzeit von Lena und Andi begann auch die Freundschaft zwischen uns. Wir haben uns auf Anhieb sehr gut verstanden. Andi war für mich jemand, mit dem ich über alles sprechen konnte, und mit »über alles« meine ich wirklich alles.

Etwas, woran ich gerne zurückdenke, ist der Urlaub in Schweden. Die Frauen mit den Kindern sind hingeflogen. Andi und ich fuhren mit dem Auto – eine lange Fahrt, auf der wir uns viel unterhalten konnten. Wir hatten viele Themen: unser Glaubensleben, unsere Frauen, Familie, Geld, Autos, gutes Essen, aber auch die Vergangenheit.

Der Start ins Glaubensleben war bei uns beiden sehr unterschiedlich. Ich beneidete Andi für seine Story. Ich sah, wie er für Gott brannte und sich für ihn einsetzte. Ich wünschte mir, wenigsten annähernd so viel Leidenschaft für Gott zu haben wie er. Auch darüber sprach ich mit ihm. Andi ließ mich ein wenig in seine Kämpfe einblicken. Für ihn war seine Story in keinem Fall beneidenswert.

In Schweden angekommen, bezogen wir das Haus, das in einer Waldlichtung lag, idyllisch und ruhig. Wir trafen uns mit der Vermieterin. Ich weiß ihren Namen nicht mehr. Sie war schon alt, Andi kannte die Dame von früher. Als er die Dame damit konfrontierte, ob sie denn wisse, wohin sie nach dem Tod gehe, war ich überrascht. Ich kenne die Antwort nicht mehr, aber ich war beeindruckt. *So was kann man doch nicht einfach so raushauen?*, dachte ich. Aber so war Andi halt.

Dann kam eine Info, die uns den ganzen Urlaub beschäftigte. Die alte Dame informierte uns darüber, dass zu dieser Zeit die Schlangen aktiver seien und wir besser nur in Gummistiefel durch das Gras gehen sollten. Damit hatten wir gar nicht gerechnet. Wir beschlossen, unseren Frauen nichts darüber zu sagen. Sie sollten einen unbeschwerten Urlaub haben. Ich möchte nicht zu fromm erscheinen, aber ja – das eine oder andere Gebet ging da raus.

Für Andi und mich bedeutete diese Situation: *Wir bringen den Müll raus! Der Komposthaufen soll ein beliebter Ort für Schlangen sein. Holz für den Ofen holen ebenfalls wir! Und überhaupt sollen sich die Frauen und Kinder nur auf gemähten Flächen aufhalten! Egal wo wir sind, wir inspizieren alles immer sehr genau!*

Wir haben den ganzen Urlaub nicht eine einzige Schlange gesehen. Nach dem Urlaub haben wir unsere Frauen aufgeklärt. Ich weiß nicht warum, aber dankbar waren sie irgendwie nicht ... :-)

Gott benutzte Andi, um mir einiges zu zeigen. Ich lebe heute mein Leben als Christ viel bewusster. Wenn ich gefragt würde, ob ich Andi immer noch für seine Story beneide, würde ich antworten: »Gott hat mich in einem Elternhaus groß werden lassen, in dem ich mich sehr früh für Jesus entschieden habe. Und dafür bin ich dankbar. Ich beneide Andi nicht um seine Story. Ich bin dankbar, ihn kennengelernt zu haben. Er war mir der beste Freund, den ich jemals hatte.«

Ich freue mich, Andi bei Gott wiederzutreffen!

86

ZOE OTT

Der beste Onkel der Welt

Andi war der beste Onkel der Welt! Er war lustig und immer gut drauf. Wir haben uns zwar nicht oft gesehen, aber wenn, dann war er der beste Onkel der Welt. Er konnte so gut grillen, und mein Papa hat viel bei ihm übers Grillen gelernt.

DAVID BÜHNE

Für mich war er immer nur der »Bomber«

Meine Erinnerung liefert mir im Allgemeinen leider nur wenige und überwiegend unscharfe Bilder aus meiner Kindheit. Die Ankunft meines Cousins Andi – für mich immer nur »Bomber« – bildet jedoch eine der Ausnahmen. Ich war gerade mit ein paar Freunden am Kicken, und somit eigentlich bestmöglich abgelenkt, als er sich auf eine Bank am Rande der Wiese setzte, um uns bei unserem Treiben zuzuschauen.

Mit seiner bulligen Statur, noch verstärkt durch die zierliche Figur meiner neben ihm sitzenden Mutter, imponierte er mir sofort, und so versuchte ich, durch Dribblings und aggressives Spiel auch seine Beachtung zu finden.

In den Details mag mir mein Gedächtnis wohl hier und da einen Streich spielen – so sehe ich ihn in dieser Situation etwa immer mit tätowierten Armen vor mir –, doch kann ich mit Sicherheit sagen, dass sich an meinem Respekt vor ihm nichts mehr ändern sollte.

Seine Stärke: Großzügigkeit

Eine von Bombers offensichtlichen Stärken lag in seiner Großzügigkeit. Und das betraf auch seine Scherze. Ich war es zwar nicht, der für 50 Mark ein Glas Pflanzenöl trank (das sollte ein paar Jahre später einen Freund treffen), doch kam ich durch ihn in den Genuss einer rohen Knoblauchzehe. Rückblickend waren das sehr raffiniert angelegte 20 Mark, denn zusätzlich zu meinem angeekelten Blick konnte er sich auf die Reaktion meines Vaters freuen, der Knoblauch auf geschätzte zweihundert Meter riecht. Zu dieser Zeit nahm er mich auch immer wieder gern in den Schwitzkasten, um mir mit dem Handballen kräftig durch das Haar zu rubbeln und mich so für den restlichen Tag in eine Art Einhorn zu verwandeln.

Trotz dieser schmerzhaften Prozedur wurde er schnell zu einem Helden meiner Kindheit und Jugend. Das lag neben seiner physischen Stärke auch daran, dass er eine Unbekümmertheit und Lockerheit ausstrahlte, von der ich mich sehr angezogen fühlte.

Meine Eltern hätten unsere Freundschaft damals vermutlich mit weniger Wohlwollen betrachtet, wäre es ihnen möglich gewesen, Bomber durch meine Augen zu sehen. Denn weit mehr als seine Wandlung beeindruckte und faszinierte mich seine Vergangenheit – Schlägereien, Drogen-Exzesse, Frauengeschichten ... Das hatte für mich, der ich mich in den christlich-konservativen Kreisen gefangen fühlte, schon viel eher den Geruch eines verheißenen Landes. Insofern hat er mich sicherlich in dem bestärkt, was lange zu meinem hypothetischen Lebensideal wurde – dem 5-Minuten-Terrine-Christsein: kurz vorm eigenen Ende in bekömmlicher Dosis aufbrühen, Nase zu und runter damit.

Aber das ist nur ein Teil der Wahrheit. Wenn er in mir auch die Sehnsucht nach dem Sturm weckte, war die darauffolgende Ruhe doch stets eingeschlossen.

Ein Kerl mit enormer Präsenz

Bomber war ein Kerl mit einer enormen Präsenz, den es jedoch nicht nach Aufmerksamkeit verlangte. Auf den ersten Blick hätte man ihn mit seinem wachen Blick, dem kräftigen Lachen bei leicht zurückgeworfenem Kopf und der offenen Körperhaltung wohl als extrovertiert eingeschätzt. Doch wenn man ihm begegnete, schaute er einen gewöhnlich erwartungsfroh an und überließ dem anderen das erste Wort. Er war jemand, durch dessen Freundschaft man sich geehrt fühlte – obwohl man wusste, dass man diese Ehre mit so manchen weniger »glamourösen« Personen teilte. Es war sicherlich auch diese Ambivalenz zwischen Vergangenheit und Gegenwart, die ihn mir so lieb machte. Bomber, dieser frühere Schläger und Drogendealer mit der Statur eines Metzgers, war ein Freund, der aufmerksamer und hilfsbereiter kaum sein konnte.

Geburtstags- oder Abschiedsfeier?

Ein paar Wochen vor dem siebzigsten Geburtstag meines Vaters suchten wir nach einer Möglichkeit, diesen Ehrentag gebührend zu feiern. Aufgrund der Abneigung meines Vaters gegen Events, die zu seinen Ehren veranstaltet werden, waren unsere ersten Ideen leider nur mit einem kleinen Kreis von Familienangehörigen und Freunden kompatibel. Der Anlass unseres Zusammenkommens durfte also nicht so offensichtlich sein. Schließlich kamen wir auf die Idee, ein Fußballspiel mit möglichst vielen alten Freunden zu organisieren.

Bomber führte in den Wochen darauf wohl so manche Telefonate, denn das Spiel, zu dem wir dann im Mai 2016 zusammenkamen, hatte vielmehr den Charakter eines Klassentreffens. Nach zehn, teilweise fünfzehn Jahren, standen wir also noch einmal gemeinsam auf dem »heiligen Rasen«, mit einer Gruppe von Freunden aus verschiedensten Kontexten. Die Gästeliste hätte ebenso gut die von Andis eigener Geburtstagsparty sein können. Im Wissen um unsere Neigung, Muster in Zufälligem zu suchen, bin ich grundsätzlich weit eher geneigt, im Alltag Willkür statt Fügung zu erkennen. Doch scheint es mir in diesem Fall, dass Bomber, der wenige Monate darauf verstarb, damals unwissentlich seine eigene Abschiedsfeier plante.

Was ihn so anziehend machte ...

»Andreas war jemand, mit dem man sich auch mal Zigarre und Bier gönnen konnte.«

Aussagen wie diese, immer vereint mit einem Verweis auf seine Verlässlichkeit, Offenheit und Hilfsbereitschaft, kommen mir in den Sinn, wenn ich an Bombers Beerdigung denke.

Ich habe sie nicht gern gehört, sie schienen mir zu gering. Aber wahrscheinlich spiegeln sie doch gut wider, was ihn für andere Menschen – und auch für mich – so anziehend machte: eine ungezwungene Freude am Leben, erfrischend frei von Konventionen, gepaart mit einer Liebe zum Menschen und mit einer hohen Authentizität hinsichtlich seiner Werte und Ideale, die nicht durch Tradition und Sozialisation, sondern durch gelebtes Leben gefestigt wurden.

> *»Es gibt Menschen, deren einmalige Berührung mit uns für immer den Stachel in uns zurücklässt, ihrer Achtung und Freundschaft wert zu bleiben.«*

Ein solcher Mensch, wie ihn der Dichter Christian Morgenstern wunderbar beschrieben hat, war Bomber für mich – wenn vielleicht auch nicht, wie ich es mir in meiner Erinnerung ausmale, schon ab unserer ersten Begegnung auf der Fußballwiese ...

DEBORA BÜHNE

Es kommt nicht auf äußere Schönheit an ...

Andi war ein lebender Beweis dafür, dass es nicht auf äußere Schönheit ankommt. Er hatte einige Kilos zu viel auf den Rippen, nur noch sehr wenige Haare auf dem Kopf und entsprach auch sonst nicht den heutigen Schönheitsanforderungen. Doch ich kenne niemanden, der Andi nicht mochte.

Er hatte häufig ein Lächeln im Gesicht – mal ein herzliches, mal ein verschmitztes –, und man wusste nie, welcher Scherz oder Streich als nächstes in die Tat umgesetzt werden würde. Doch das Besondere an ihm war: Er hatte eine unglaubliche Liebe zu Menschen. Er hatte für jeden Zeit, für jeden ein offenes Ohr, und wenn es in seiner Macht stand, dann half er jedem, der Hilfe brauchte – sei es ganz praktisch, oder auch durch Gespräche und Gebet. Er drehte sich nicht um sich selbst, sondern um andere.

Das hat Andi ausgemacht, und ich glaube, das war es, was alle Menschen so angezogen hat.

TABITHA BÜHNE

Andi erinnerte mich an Balu

Ich war Vegetarierin und sammelte alle Viecher auf, die kein Zuhause mehr hatten. Andi dagegen war begeisterter Fleischliebhaber. Mein Pony Polly (zugegebenerweise ein freches Tierchen) wollte er mal als lila Milka-Kuh anmalen – so wurde es mir jedenfalls erzählt. Das war das einzige Mal, dass ich entrüstet und enttäuscht von meinem Cousin war.

Wir waren völlig verschieden und doch verbunden. Andi erinnerte mich an den Bären Balu aus dem »Dschungelbuch«, nur deutlich klüger. Stark, authentisch und ein treuer Freund. Abenteuerlustig. Bodenständig. Unverwechselbar komisch und sehr ernst, wenn es ihm ernst war. Einer, auf den man sich verlassen konnte. Ein Freund zum Bäumeausreißen und Pferdestehlen oder Pferdeanmalen …

Ich kann mich komischerweise gar nicht mehr an die erste Begegnung mit ihm erinnern. Denn Andi war ganz sicher ein Typ, der auffiel. Vor allem in diesen Kreisen. Er gehörte für mich aber irgendwie sofort zur Familie. Er war mein Cousin, für mich aber doch wie ein großer Bruder. Bei ihm fühlte ich mich immer sicher. Und er war da, wenn es irgendwo brannte.

Ich weiß noch, wie ich als Teenager sein Lebenszeugnis hörte und anschließend fest davon überzeugt war, es genauso zu machen wie er: erst Abenteuer erleben, dann Jesus folgen. Dass diese Reihenfolge einige schwierige Nebenwirkungen mit sich bringen kann, habe ich damals unterschätzt. Und dass man auch mit Jesus viele Abenteuer erleben kann, kam mir in dieser Zeit nicht in den Sinn.

Meine seltsamste Silvesterfeier

Für die »Erniedrigten und Beleidigten« nahm sich Andi immer Zeit. Einer der seltsamsten Jahreswechsel, den ich je erlebt habe, war jener mit meinem Cousin. Er hatte mich, meinen jüngeren Bruder, einen Totengräber und einen Depressiven zu Silvester eingeladen. Eine schräge Mischung. Mein Bruder und ich waren Anfang zwanzig und nicht gerade die umgänglichsten Typen. Eigentlich hatten wir woanders feiern wollen, aber Andi hatte es geschafft, uns zu »seinem Fest« zu über-

reden. Seiner Begeisterungsfähigkeit konnte man sich schwer entziehen. Also sagten wir spontan zu.
Andi machte uns einfach was Leckeres zu essen und hatte offensichtlich pure Freude dabei, vier völlig unterschiedliche Menschen in den eigentümlichsten Lebensumständen zu verköstigen. Ja, es schien, als könne er sich gerade wirklich nichts Besseres und Schöneres vorstellen, als mit uns seine Zeit zu verbringen und ins neue Jahr zu starten. Ich weiß nicht mehr, was wir gegessen, über was wir geredet haben oder ob es irgendein »Programm« gab. Das spielte auch gar keine Rolle. Ich erinnere mich nur an Andis freudestrahlendes Gesicht, als wir zur Tür reinspaziert kamen, und daran, dass wir den ganzen Abend über vieles gelacht haben. Von seiner ganz eigenen und unverkrampften Gastfreundschaft würde ich mir gerne etwas abschneiden. Und würde sie gerne öfter erleben.

Es gibt zu wenige von seiner Sorte!

Fragt man mich, wer Andi war, so ist die Sache für mich recht einfach: ein Kerl mit Ecken und Kanten, gütigen Augen, einer großen Portion Humor – und einem unvergleichlich loyalen Herzen. Ich kenne nur wenige Menschen, bei denen ich immer das Gefühl hatte, willkommen zu sein, egal wie hoch der Stresspegel gerade war. Der mir ansah, wie es mir ging, ohne etwas zu sagen. Bei dem ich sein durfte, wie ich war, und der es doch schaffte, in mir die Sehnsucht nach einem besseren Weg zu füttern. Der für mich glaubte, wenn ich noch wankte.

Andi war ein schöner Mensch, auch wenn er nicht den gängigen Idealen entsprach. Man musste ihn einfach mögen. Er strahlte etwas aus. Er nahm sich selbst nicht so furchtbar ernst. Auf seine eigene Weise verbreitete er die Liebe Gottes für alle Menschen und gleichzeitig unbändige Freude. Er war Salz und Licht.

Es gibt zu wenige von seiner Sorte: Menschen, die nicht so sehr darauf achten, wie sie auf andere wirken, und nicht möglichst perfekt rüberkommen wollen. Menschen, die nicht ständig mit sich selbst beschäftigt sind. Gütige, lebensfrohe, wohlwollende, mit Gott vertraute Menschen. Ich wünschte mir nur, er hätte mehr auf seine Gesundheit geachtet. Denn er fehlt mir. Ich glaube, er fehlt jedem, der ihn kannte. Und ich hoffe, dass ich im Himmel ganz in seiner Nähe wohne ...

CARSTEN GÖRSCH

Schwein gehabt!

Andreas hat, menschlich gesprochen, öfters in seinem Leben »Schwein gehabt«. Einmal aber wirklich! Und das war zu seinem Geburtstag. Schon Wochen vor dem großen Ereignis grübelten die Mitarbeiter der Gefährdetenhilfe darüber, wie man dem »Bomber« zum Geburtstag eine Freude machen könnte. Es wollte uns einfach nichts Gescheites einfallen, bis unser Zivi Martin die zündende Idee hatte: »Wir schenken ihm ein Ferkel!« Alle hielten dies für eine Bomben-Idee.

Gesagt, getan: Der Zivi fuhr mit dem Lieferwagen zum Metzger und kaufte Bomber ein Ferkel. Am nächsten Tag wurde das Schwein in einem Holzverschlag zu Bomber gebracht.

Andi blieb die Spucke weg. Fast meinte man, er hätte vom ersten Tag an Muttergefühle für das Ferkel gehabt. Eine Einladung, die Wochen später an uns erging, belehrte uns allerdings eines Besseren. Grillfest bei Andi – und das Opfer war »Egon«, so hatte Bomber sein Kleines mittlerweile getauft. Die Stimmung war gut, das Spanferkel rotierte über dem Feuer und Andi hatte ein Problem auf seine Weise gelöst – auf Kosten Egons, dem armen Schwein!

Kunst ist Geschmackssache!

Das ist bekanntlich so. Andreas hatte dabei einen sehr guten Geschmack. Wenn ich bei ihm zu Besuch war, legte er *Sailing to Philadelphia* von Dire Straits auf, und wir hatten es gemütlich. Auch die frühen Werke von Herbert Grönemeyer gehörten auf seine »Playlist«.
Auch Mathias Charton, unser hochbegabter Versammlungspianist, hatte so seinen Geschmack in Sachen Musik. Allerdings eher ein wenig »vintage«: Chopin, Schubert, Mozart etc. Obwohl man ihm am Klavier ob seiner Virtuosität eigentlich so ziemlich alles und damit auch das Zeitgenössische abverlangen konnte, schlug sein Herz wohl doch eher für die alten Meister.

Da Mathias und Andreas nun in eine Art »musikalische Völkerverständigung« treten wollten, trafen sie ein Abkommen: Der eine ging mit dem anderen in ein Konzert, das der jeweils andere ausgesucht hatte – Mathias also in ein zeitgenössisches und Andreas in ein klassisches. Als es nun Andreas traf, mit Mathias ein klassisches Konzert zu »genießen«, kämpfte er an einem bestimmten Punkt agonisch gegen den Schlaf, der ihn bei so viel Klassik übermannte. Als er dann wieder zur Besinnung kam, fragte er den aufmerksam lauschenden Freund: »Wie lange dauert das Lied eigentlich noch?«

Ein guter Freund

Andreas war ein echter Freund, auch wenn man nicht immer einer Meinung mit ihm war. Da er ein großes Herz für die sozial Gestrandeten hatte und zudem auch handwerklich sehr begabt war, bot er mir einmal an, die Teppichböden auf den Treppen von Haus Hardenberg zu verlegen – und das, obwohl ich ihn zuvor nicht besonders pfleglich behandelt hatte.

Damit aber nicht genug: Zu einer Zeit, als es mir innerlich nicht besonders gut ging, lud er mich nach Ingemert zum Abendessen ein. Denn er war ein ebenso guter Koch wie Handwerker! An diesem Abend stand Andi am Herd seiner kleinen Einbauküche, zauberte mir ein Rinderfilet mit Bratkartoffeln auf den Teller und öffnete obendrein einen guten Wein dazu. Mir ging es augenblicklich besser! Hinter der vermeintlich grobschlächtigen Fassade dieses begabten Bruders steckte in Wahrheit ein hochsensibler Mitmensch, der einem seine Freundschaft in Momenten erwies, in denen man es einfach gebrauchen konnte.

103

ANDREAS FETT

Ein unangepasster Dickschädel

»Das Einzige, was mit den Trauergästen vom Grab zurückkehrt und sich weigert, beerdigt zu werden, ist der Charakter eines Menschen.«
J. R. Miller

Ein guter Charakter ist der beste Grabstein. Grabe deinen Namen nicht in Marmor, sondern in Herzen!«
C. H. Spurgeon

Das hat Bomber bei vielen von uns geschafft: Sein Charakter hinterließ bleibende Spuren.

Wer war Andi Bühne?

Er starb nur zwei Monate nach Bud Spencer, aber wurde nur halb so alt. Er war vom gleichen Schlag – ein gemütlicher Brummbär, der mit sich im Reinen war. Er war gerne ein Raufbold, ein Draufgänger, ein Querschläger. Ein Spruch von Andi ist mir noch in guter Erinnerung: »Gewalt ist keine Lösung – versuchen wir's mit viel Gewalt!«

Er selbst hatte lange Zeit ein Problem mit Autoritäten. Er mochte keine Spießer. Er suchte die Grenzerfahrung, übertrat Gesetze und widersetzte sich Vorgesetzten grundsätzlich. Er war bis zum Schluss ein Konventionsbrecher, ein Anti-Traditionalist. Er passte in kein Schema. Er ging gerne mit dem Kopf durch die Wand. Er war ein unangepasster Dickschädel, ein kantiger Charakter.

Zu seiner Hochzeit schrieben wir ihm ein Lied, das seine Vergangenheit umreißt. Wegen seines rauen Fußballstils und seiner Rauflust nannte man ihn »Bomber«.

Bomber wurde er genannt,
er war ein bisschen militant.
Ein Bomber, ja, das war er auch
in Bizeps, Beinen, Birne, Bauch.

Er hat viel Chaos fabriziert
und ungeniert viel ramponiert.
Ja, seine hammerharte Faust
hat manchem die Frisur zerzaust.

Es kam so, wie es kommen muss:
Mit seinem Stuss war plötzlich Schluss.
Als Schwarzfahr-Biker-Bruchpilot
verbockte Bomber großen Schrott.
Doch dieses Unfall-Missgeschick
hielt ihn vor Schlimmerem zurück.
Denn plötzlich hat er sich bekehrt
und zog zu uns nach Ingemert.

106

Der Wolfgang hat ihn über Nacht
vom Bomber zur Transall gemacht.
Im Bücher-Bulli gondelt er
jetzt täglich im Berufsverkehr.
Wir fragten uns im Freundeskreis –
echt fürsorglich, nicht naseweis:
Wo kriegt ein Zeppelin wie er
halbwegs legal ein Mädchen her?

Man riet ihm Tanzkurs und Ballett,
doch wer dachte ans Internet?

Ja, über diese Online-Schiene
kam Bomber Bühne an 'ne Biene.
Im Luftraum über Frankfurt/Main,
da holte ihr Radar ihn ein.
Und irgendwie versagt seitdem
bei ihm das Flugabwehrsystem.

Einst angriffslustig und beinhart,
jetzt butterweich und kitschig smart.
Seht euch das Fliegerwrack nur an:
Hier endet er als Ehemann!
Statt ungezähmtem Eurofighter
wird er zum sanften Drachengleiter.
Die Bomber-Ära Schall und Rauch,
statt Power Schmetterling im Bauch.

Ich hoffe nur, ihr wisst genug
für euren Doppeldecker-Flug.
Denn glaub' mir, Andi, ohne Witz,
die Ehe hat kein' Schleudersitz.
Und Lena, sei dem Eurofighter
die Luftbrücke, die Himmelsleiter.
Und bei euch zwei'n sei unser Gott
in Zukunft nicht nur Copilot!

Was hat Andi mir bedeutet?

Wir lernten uns kennen, als er nach Schoppen kam. Das heißt: Ich kenne nur die zweite Hälfte seines Lebens ...

Lange war ich mir unsicher: Mag der mich überhaupt? Andi ließ einen gerne auflaufen. Er konnte einen seine Missachtung deutlich spüren lassen. Er war unverblümt ehrlich. Aber durch Gottes Eingreifen wurde aus dem Schwelmer Schlitzohr einer, der sich der Schwachen annahm, der die Brüder liebte, dem Einzelne am Herzen lagen.

Als wir heiraten wollten und ich für ein paar Jahre von Schoppen wegging, sagte Andi meiner Verlobten: »Wie kannst du uns das antun und uns den Andi wegnehmen?«

Da erst begriff ich: Der bärbeißige Bomber mochte mich?

Heute möchte ich fast Gott den Vorwurf machen: »Wie kannst du uns das antun und uns den Andi wegnehmen?«

Aber Andi war darauf gefasst. Er hatte längst sein Testament gemacht.

Was hat Andi viel bedeutet?

Er hatte schon längst dem Tod ins Auge gesehen. Seine Blasen- und Harnleiter-OPs waren nicht ganz ungefährlich. Daher hatte er seinen Onkel(!) als Beerdigungsredner bestimmt, obwohl der fast dreißig Jahre älter war als er selbst. Als wäre er davon ausgegangen, nicht sehr alt zu werden …

Ich weiß: Was Andi auf jeden Fall hier hätte hören wollen, wären nicht Lobhudelei und fromme Reden, sondern etwas, das uns Jesus lieb macht. Deshalb schließe ich mit dem Testament!

Schon an Andis Todestag durfte ich Einblick nehmen. Es hat mich zugleich erschüttert und jubeln lassen. Er hatte nicht nur sein Testament gemacht – er hatte längst seinen Frieden gemacht.

Als der Herr Jesus sein Testament machte, waren seine engsten Freunde um ihn. Er sagte sinngemäß: »Das ist mein Vermächtnis, meine Abmachung mit euch allen für den Fall meines Todes.« Bei einem Testament sollte man genau lesen, ob man berücksichtigt worden ist. Deshalb schau genau, was er DIR hinterlassen hat. Lies es, als sein Testament an DICH.

Seine Kleider bekamen die Soldaten.
Seine Leiche bekam ein reicher Jude: Joseph von Arimathia.
Seine Mutter vermachte er einem Jünger: Johannes.
Seinen Geist übertrug er seinem Vater im Himmel.
Aber sein Blut, das gab er für dich und mich.
Darin hinterließ er uns das Unschätzbare:
sein Leben, sein Verdienst, seinen Frieden.

»Dies ist mein Blut ..., das für viele vergossen wird zur Vergebung der Sünden« (Matthäus 26,28).
»... meinen Frieden gebe ich euch.« (Johannes 14,27).

110

LUCIAN BINDER

Komische Typen

André hatte eine geistige Behinderung. Andi ließ ihn öfter für »'ne Mahlzeit und 'ne Mark« in seinem Garten arbeiten.

»Warum lässt du ihn in deinem Garten arbeiten?«, fragte ich Andi. »Er richtet mehr Schaden an, als dir zu helfen!«

»Ich weiß«, sagte Andi, »aber ich hab eine Schwäche für solche Typen. Als ich am Boden war, wurde mir auch geholfen ...«

Alte Säcke

Andi sagte mir mal, dass er überlege, Azubis im Buchladen auszubilden. Seine Begründung war einleuchtend: »Schau dich an: Wir sind alte Säcke geworden. Wir müssen junge Leute fördern!« Die junge Generation lag ihm am Herzen. Kurz darauf schickte er mich zu einem Crashkurs für Ausbilder. Unsere erste Azubine hat ihre Ausbildung bei uns abgeschlossen und ist nun Teil unseres Leseplatz-Teams.

Freigebigkeit Größe XXXL

Mein neues 700-Euro-Crossbike wurde mir aus dem Schuppen gestohlen! Für ein neues hatte ich kein Geld, und unsere Kids ahnten, dass es diesen Sommer keine Radtouren mehr mit Papa geben würde. Einige Tage später fand ich einen anonymen Umschlag im Postkasten. Darin waren 300 Euro und ein A4-Blatt mit der kurzen Nachricht: »Für ein neues Fahrrad«. Und da Papier und Druck mein Beruf sind, habe ich den großzügigen Spender leicht am Druckerpapier und am Toner identifizieren können: Andi!

OLIVER NEUFURTH

Ein extremer Typ!

Andi war ein Mensch, der das Extrem lebte: egal ob Aquaristik, Bambus im Garten, Grillen oder seine Diätprogramme. Andi lebte all diese Themen in einer besonders intensiven Form. Für einen besonderen Fisch – wohlgemerkt: für sein Aquarium – fuhr er an einem Samstagmorgen rund dreihundert Kilometer weit, nur um zu Hause dann festzustellen, dass sich der erworbene Fisch nicht mit dem Fischbestand im Aquarium vertrug.

Über Bambus informierte sich Andi bis ins Detail und vertiefte sich im Internet. Anschließend verwandelte er seinen Garten in einen fast reinen Bambusgarten. Wenige Jahre später verabschiedete er sich wieder von seiner Lieblingspflanze und riss fast allen Bambus aus.

Wenn er der Meinung war, abnehmen zu müssen, hungerte er sich innerhalb kurzer Zeit Kilo um Kilo herunter. Dies führte manches Mal dazu, dass sein Kreislauf geschwächt wurde. Im Buchladen brach er ermattet zusammen und wurde für einige

Momente ohnmächtig. Am gleichen Abend bestellte er sich ein argentinisches Steak in dem Lokal, das heute unser Gemeindehaus ist, und verlieh seiner Freude hörbaren Ausdruck, als der Wirt die Teller servierte: Es sei seine erste Mahlzeit in den letzten drei Tagen, erklärte Andi, bevor er das Steak verschlang.

Grillen war ein Thema, das hier auszuführen den Rahmen sprengen würde. Diverse Besuche bei einem Kölner Fachhandel für Grill und Zubehör sorgten für manchen kulinarischen Genuss sowie für Begegnungen unter Freunden und Gemeindemitgliedern.

Trotz dieser ausgeprägten Neigungen war Andi ein Mann, der sehr verschiedene Menschen zusammenführte. Seine Person und sein offenes Haus boten unterschiedlichsten Charakteren die Möglichkeit, zusammenzufinden und in einen Austausch zu kommen – Menschen, die sich anderswo nie begegnet wären.

Ähnlich würde ich Andis Glauben beschreiben: einfach, zupackend und an der Lebenswirklichkeit orientiert. Durch die Arbeit im christlichen Buchladen las er diverse Bücher, die sich teils mit sehr theoretischen Inhalten des christlichen Glaubens auseinandersetzten. Stets die Arbeit und die dahinterstehenden Überlegungen wertschätzend, wurde im Zusammensein mit Andi doch klar, dass sein Schwerpunkt im Glaubensleben eher den praktischen Themen galt. Sein Einsatz in der Jugendarbeit und im Bauteam der Müllenbacher Gemeinde sind Belege dafür. Pragmatikern wird oftmals zur

Last gelegt, dass ihre Antworten auf schwierige Lebensfragen zu einfach seien. Auch Andi musste sich mit diesem Vorwurf auseinandersetzen. Schön zu sehen war, dass ihn diese Vorwürfe nicht erschütterten. Wenn man wie er von vielfältigen Ideen und verschiedenartigen Menschen umgeben ist, besteht die Dringlichkeit, sich dem Notwendigen und Wichtigen so hinzugeben, dass für die Beantwortung von Prinzipien oder Leitlinien gar kein Raum mehr bleibt.

Andi ging Menschen nach. Manchmal im wörtlichen Sinn, wenn sie erbost den Raum verließen. Häufiger im übertragenen Sinn, wenn ehemalige Weggefährten Distanz zwischen sich und der Gemeinde aufgebaut hatten. Er schrieb wenige Emails, kaufte stattdessen wohlüberlegte Geschenke zu besonderen Anlässen, telefonierte, organisierte einen Jugendchor zum Geburtstag eines ehemaligen Gemeindemitglieds, verbrachte viele Stunden auf Sofas und in Autos, um Austausch zu ermöglichen.

Andis Predigten würde ich mit dem Stichwort »besonders« titulieren. Andi hielt sich weniger an klassische Methoden oder Konzepte, sondern war oftmals eine eigene Marke. Einmal brachte er eine alte Akkubohrmaschine mit zur Kanzel, die ein Freund von ihm mit einem Stromschock behandeln sollte. Er hatte gelesen, dass sich durch eine solche Behandlung alte und schwache Akkus noch mal aktivieren und zu neuer Vitalität beleben ließen. Das verglich er mit dem in Routinen verblassten Leben eines Christen, das ebenfalls durch einen heilsamen Schock zu neuer Vitalität zurückfindet.

Andis kurzes Leben hat mir eine Frage für meinen weiteren Weg mitgegeben: Für welche Menschen habe ich ein Anliegen? Was darf es mich kosten, diesen Menschen nachzugehen?

Dafür bin ich ihm sehr dankbar.

117

PATRIK KAHLENBACH

Ich konnte mich herzlich bei ihm ausheulen ...

Ich möchte gerne schreiben, wie ich Andi erlebt habe und wer er für mich war.

Er war für mich wie ein zweiter Vater. Gerade in der Zeit, wo ich nicht mit Gott gelebt habe, war er immer für mich da. Er hatte zu mir gesagt: »Patrik, egal zu welcher Zeit du mich brauchst, klingle an meiner Tür und ich bin für dich da!«

Er hat mir Beschäftigung gegeben, damit ich meine Zeit nicht damit verbringe, Mist zu bauen, und hat mir immer wieder die knallharte Wahrheit vor Augen geführt. Ich konnte mich herzlich bei ihm ausheulen, er war einfach mein Held!

Als ich mich in der Gemeinde als Außenseiter fühlte, war er derjenige, der mir das Gefühl vermittelte, geliebt und akzeptiert zu werden.

Das letzte heftige Gespräch mit ihm hatte ich, als es darum ging, meine Freundin zu verlassen, nachdem ich mich bekehrt hatte. Ich konnte es einfach nicht, denn ich war schon länger mit ihr zusammen. Mein Argument war: Wenn ich nur fest und stark im Glauben bin, wird sie schon nachziehen.

Andi war auch da knallhart und ehrlich zu mir, und ich habe einige Zeit gebraucht, um seine Warnungen zu verdauen. Aber ich entschied mich schließlich gegen seinen Rat. Andi spürte natürlich, dass es mir nicht gut ging und meine Beziehung zu Gott immer schlechter wurde.

An dem Morgen, an dem Andi starb, lag ich noch im Bett. Ich wollte ausschlafen, weil ich vorhatte, am Abend wieder mal lange weg zu bleiben.

Meine Schwester rief mich an und berichtete mir, dass Andi »heimgegangen« sei.

Ich dachte zuerst, sie wollte mich veräppeln. Doch als ich langsam begriff, dass sie die Wahrheit sagte, brach ich zusammen und weinte lange. Ich fragte mich, wieso Gott einen so treuen Knecht wegnimmt und einen so unnützen Kerl wie mich am Leben lässt.

Zu diesem Zeitpunkt kam mir das letzte Gespräch, das ich mit ihm hatte, in Erinnerung, und mir wurde klar, dass Gott mich damit ansprechen wollte und ich handeln musste. Kurze Zeit später habe ich mich von meiner Freundin Susi getrennt und ganze Sache mit Gott gemacht.

Durch Gottes Gnade hat sie sich ein Jahr nach unserer Trennung auch für Gott entschieden, und inzwischen sind wir verheiratet. Allerdings schienen mir diese Monate ohne Kontakt zu Susi wie eine Ewigkeit und haben mich sehr viel gekostet.
Ich möchte damit einfach deutlich machen, dass ich heute nicht weiß, wo ich wäre, wenn es unseren Andi nicht gegeben hätte, und dass sogar sein früher Tod mir zum Segen war. Das liegt mir auf dem Herzen, und das möchte ich an dieser Stelle dankbar bekennen.

KRISTIN REIß

Den Irrweg beendet durch ein aufrichtiges Wort

Es war meine wilde Teenagerzeit. Gott sei Dank – und das schreibe ich ganz bewusst – habe ich sie mit einem guten Ende überstanden. Und daran war Andi Bühne nicht unbeteiligt.

Es war eine Zeit, in der ich, nachdem ich mit kleinen Flirts begonnen hatte, schließlich in komplexen Lügengeschichten verstrickt war, um meine heimliche Beziehung und das damit verbundene Doppelleben zu koordinieren. Zugegeben begann ich sehr früh – mit gerade einmal zwölf Jahren – mit Teenager-Eskapaden wie heimlichem Rauchen, Jungengeschichten und dem Drang, Aufregendes zu erleben. Einmal damit begonnen, war ich im Bann. Durch das erste Handy, das ich zum zwölften Geburtstag bekommen hatte, gab es Möglichkeiten zu kommunizieren und Leute kennenzulernen, die ich sonst nicht ge-

habt hätte. Letztlich lernte ich dadurch auch einen Mann kennen, der sechs Jahre älter war und mein Freund wurde. Wir trafen uns, wenn ich offiziell beim Handballtraining war oder ich eigentlich mit einer Freundin unterwegs oder spazieren war.
Es war aufregend, und ich war stolz, einen Freund mit Auto zu haben, wenn er mich von der Schule abholte. Doch es forderte mich auch heraus, denn bei seinem Lebensstil (feiern am Wochenende usw.) konnte ich nicht mithalten. So wurde die Beziehung ein Balance-Akt zwischen Wahrheit und Lüge.
Ein paar Monate lang ging im Prinzip alles gut, wir wurden nicht »erwischt«. Und dennoch wünschte ich mir manchmal, es wäre so. Viele wussten irgendwie Bescheid, hatten davon gehört oder uns sogar mal unterwegs getroffen. Aber meine Eltern waren völlig in Unkenntnis, und so traf es sie verständlicherweise absolut unvorbereitet, als sie erfuhren, dass ihre zwölfjährige Tochter eine Beziehung mit einem achtzehnjährigen Mann hatte.
Es war Andi Bühne, der uns gesehen hatte und meinen Eltern davon erzählte. Ich erinnere mich gut daran, dass mein Vater in mein Zimmer kam und mit mir reden wollte. Er machte dann für mich Schluss mit dem Mann. Wochenlanger Hausarrest, Handy-, Telefon- und Internetverbot sowie zahlreiche Gespräche folgten. Es war, als würde mir der Boden unter den Füßen weggerissen. Irgendwie war ich raus aus meinem bisherigen Leben.

Viele Veränderungen folgten durch diesen »Knall«: Ich entschied mich dazu, die Schule zu wechseln, und meine Eltern organisierten für die Sommerferien einen dreiwöchigen Englischkurs bei einer Missionarsfamilie in England, damit ich meine Defizite aufarbeiten konnte (bisher hatte ich überwiegend Französisch gehabt, da ich in einem bilingualen Zweig der Schule war).

In England lernte ich dann nicht nur Englisch, sondern wahre Vergebung kennen. »Jesus, zu dir kann ich so kommen, wie ich bin« war der Schlüsselsatz für meine Bekehrung und der Beginn meiner Beziehung zu Gott. Durch den Schulwechsel hatte ich die Chance, ganz neu durchzustarten, alte Bekannte zurückzulassen, schlechte Gewohnheiten abzulegen und ein neues Leben – mit Jesus – zu beginnen. Zu diesem Zeitpunkt ermutigte mich Andi, die Weichen gleich von Anfang an richtig zu stellen, weil es dann leichter würde, die Spur zu halten.

Andi hatte sich genau zum richtigen Zeitpunkt »eingemischt«. Er half mir, meinen Irrweg zu beenden, und tat mir damit, das kann ich im Nachhinein sagen, den größten Gefallen!

RALF MEISEL

Zum Glück ist der Himmel oben ...

Etwas Spezielles über Andi zu schreiben, fällt mir schwer. Er ist mir mehr als Original in Erinnerung geblieben, weniger durch Episoden. Wenn er auftrat, erschien er oft wie ein gutmütiger Bär. Aber als einer, der genau beobachtete – bis er dann, unvermittelt und urplötzlich aus dem Nichts, seinen Spruch brachte. Trocken und treffend, zu welchem Thema auch immer.

Im Besonderen trat dies zutage, wenn es um die DDR und ihre Ex-Bewohner ging. Die konnte er, zumindest anfangs, nicht so richtig leiden. Doch, o Wunder, als wir uns im Freizeithaus Schoppen 1993 begegneten, wurden wir Freunde. Ralf, der Sachse (kein Wirtschaftsflüchtling, sondern Zivi, also eher Entwicklungshelfer), wurde bei Andis DDR-Phobie die Ausnahme. Natürlich musste sich sein Respekt hart erarbeitet werden ...

Was ihn auf die Palme brachte, war, wenn Christen aus ihrer Blase heraus irgendeine Meinung nachplapperten, die sie irgendwo aus zweiter Hand von irgendeiner »Autorität« aufgeschnappt hatten. Wo stand das denn in der Bibel?

Als junger Christ, der ein verrücktes Leben ohne Gott hinter sich gelassen hatte, konnte er sich nie mit Scheinheiligkeit anfreunden. Vor allem wenn sie im gutbürgerlich orthodox-frommen Gewand daherschlich. Dann gab's Feuer.

Nach seiner Bekehrung zu Gott wollte er Jesus folgen. Und das ohne den Ballast gesetzlicher Enge, sondern nur dem Original verpflichtet. Auf seinem ersten Missionseinsatz an der Ostsee nahm er (neben der Bibel) den Titel wörtlich: Weil es ihm zu wenig »Einsatz« und zu viel Urlaub war, dachte er darüber nach, wieder abzureisen.

Doch alles zu seiner Zeit. Natürlich hatte auch Urlaub Platz in Andis Leben. Ich erinnere mich gern an unser Wochenende am Ijsselmeer, wo ich als Surfschüler für ihn als Lehrer eine harte Nummer war.

Unsere Freundschaft ist nie zerbrochen, jedoch etwas verkümmert, vor allem aufgrund der Entfernung. Er wollte nie in den Osten. Es hat ihn nie gereizt. Zum Glück ist der Himmel oben. Und dort werden wir uns wiedersehen.

GORDEN WINTER

Was uns verbunden hat, war die Liebe zum Herrn

Ich habe Andreas auf einer KfG-Konferenz kennengelernt. Damals fuhr ich einen Firmenwagen mit dem Aufdruck »Aus Träumen werden Häuser«. Ein enger Freund von mir sagte damals, dass es eigentlich »Träumer bauen Häuser« heißen müsste. Und er hatte recht: Wir waren eine Truppe unerfahrener Männer, und für mich war das Arbeiten auf der Baustelle ein Art Therapie, denn ich kam noch frisch aus einem sehr kaputten Leben.

Andi hatte wohl schnell gemerkt, dass ich einige Macken mit mir rumschleppte, aber er wollte mich trotzdem oder gerade deshalb beauftragen, an seinem neuen Haus und an dem seines Freundes mitzuarbeiten. Und so verbrachten wir einige lange Wochen auf seiner Baustelle. Auf keiner Baustelle haben wir mehr gegessen und geredet als auf denen von Andi und Lucian. Daraus ist eine Freundschaft entstanden.

Oft habe ich ihn im Buchladen besucht. Er hatte immer Zeit für einen Kaffee, und obwohl meine Töchter nur einmal mit bei ihm waren, konnten sie sich noch lange an ihn erinnern, da er ihnen sofort kindgerechte Aufmerksamkeit und herzliche Liebe gewidmet hatte.

Andi war ein echter Unterstützer. Mit ihm zu telefonieren, war oft eine herzliche Ermutigung. Wir konnten schnell über den Herrn und seine Gemeinde reden. Ihm war meine Arbeit ein brennendes Anliegen, und er zeigte echtes Interesse an meinem Leben. Zusammen planten wir die erste Männer-Konferenz »Eisen schärft Eisen« und auch die erste Jugendkonferenz »4.23« in Paderborn.

Er hatte seinen eigenen Kopf. Ich habe den Eindruck, dass er sich zwar nicht verbiegen lassen wollte, jedoch bereit war, auf mich zuzugehen. Wir haben fast immer gelacht, wenn wir zusammen waren, und doch äußerte er auch oft hinterfragende Anmerkungen zu meinen Gedanken. Ich konnte mich an ihm reiben.

Mit Andi verbinde ich Reden über die Bibel, den Herrn Jesus und seine Gemeinde. Außerdem gehörten Kaffeetrinken und Essen zu der Gemeinschaft mit ihm. Er ermutigte mich immer mal wieder dazu, Bücher zu schreiben – was ich dann auch angefangen habe. Leider kann ich sie nicht mit ihm als Herausgeber auflegen. Darum werde ich es wohl alleine machen, denn einen Typen wie Andi habe ich unter den Büchermachern nicht noch mal gesehen.

Ich hatte keine Angst, ihm ein Manuskript zu geben, obwohl er mir ehrlich seine Meinung gesagt hätte. Er hatte etwas an sich, das mir Vertrauen einflößte. Ich denke, er hatte mich wirklich lieb. Was uns in der Tiefe verbunden hat, war nicht die gleiche Meinung oder der gleiche Geschmack, sondern die Liebe zum Herrn. Als Marc (mein Bruder und Mitstreiter) und ich zusammen am offenen Grab von Andi standen, konnten wir unserem Herrn zusammen von Herzen für die gesegneten Jahre der Freundschaft danken.